메시지 | 예레미야
예레미야 애가

THE MESSAGE :
Jeremiah
Lamentations

Eugene H. Peterson

The MESSAGE

예레미야
예레미야 애가

유진 피터슨

복 있는 사람

메시지 | 예레미야, 예레미야 애가

2020년 5월 19일 초판 1쇄 인쇄
2020년 5월 28일 초판 1쇄 발행

지은이 유진 피터슨
옮긴이 김순현 윤종석 이종태
감수자 김회권
펴낸이 박종현

도서출판 복 있는 사람
주소 서울특별시 마포구 연남동 246-21(성미산로23길 26-6)
전화 02-723-7183(편집), 7734(영업·마케팅) 팩스 02-723-7184
이메일 hismessage@naver.com
등록 1998년 1월 19일 제1-2280호

ISBN 978-89-6360-349-0 00230

이 도서의 국립중앙도서관 출판예정도서목록(CIP)은 서지정보유통지원시스템 홈페이지
(http://seoji.nl.go.kr)와 국가자료공동목록시스템(http://www.nl.go.kr/kolisnet)에서
이용하실 수 있습니다. (CIP 제어번호: 2020018657)

THE MESSAGE: Jeremiah, Lamentations
by Eugene H. Peterson

차례

일러두기

- 유진 피터슨의 『메시지』 영어 원문을 번역하면서, 한국 교회의 실정과 환경을 고려하여 『메시지』 한글 번역본의 극히 일부분을 의역하거나 문장과 용어를 바꾸었다.
- 유진 피터슨은 『메시지』 영어 원문에서, 유일무이한 하나님의 인격적 이름을 주(LORD) 대신에 대문자 GOD로 번역했다. 따라서 『메시지』 한국어판은 많은 논의와 신학 감수를 거쳐, 원저자의 의도를 반영해 '주'(LORD) 대신에 강조체 **'하나님'**(GOD)으로 표기했다.
- 『메시지』 한국어판의 도량형(길이, 무게, 부피)은 『메시지』 영어 원문을 기초로 하여, 오늘날 우리나라에서 일반적으로 통용되는 단위로 환산해 표기했다.
- 지명, 인명은 대한성서공회에서 발행한 「개역개정」「새번역」 성경의 원칙을 따랐다.

『메시지』를 읽는 독자에게

『메시지』에 독특한 점이 있다면, 현직 목사가 그 본문을 다듬었기 때문일 것이다. 나는 성경의 메시지를 내가 섬기는 사람들의 삶 속에 들여놓는 것을 내게 주어진 일차적 책임으로 받아들이고 성인 인생의 대부분을 살아왔다. 강단과 교단, 가정 성경공부와 산상수련회에서 그 일을 했고, 병원과 양로원에서 대화하면서, 주방에서 커피를 마시고 바닷가를 거닐면서 그 일을 했다. 『메시지』는 40년간의 목회 사역이라는 토양에서 자라난 열매다.

인간의 삶을 만들고 변화시키는 하나님의 말씀은, 내가 『메시지』 작업을 하는 동안 정말로 사람들의 삶을 만들고 변화시켰다. 우리 교회와 공동체라는 토양에 심겨진 말씀의 씨앗은, 싹을 틔우고 자라서 열매를 맺었다. 현재의 『메시지』를 작업할 무렵에는, 내가 수확기의 과수원을 누비며 무성한 가지에서 잘 영근 사과며 복숭아며 자두를 따고 있다는 기분이 들곤 했다. 놀랍게도 성경에는, 내가 목회하는 성도며 죄인인 사람들이 살아 낼 수 없는 말씀, 이 나라와 문화 속에서 진리로 확증되지 않는 말씀이 단 한 페이지도 없었다.

내가 처음부터 목사였던 것은 아니다. 원래 나는 교사의 길에 들어서서, 몇 년간 신학교에서 성경 원어인 히브리어와 그리스어를 가르쳤다. 남은 평생을 교수와 학자로 가르치고 집필하고 연구하며 살겠거니 생각했었다. 그러다 갑자기 직업을 바꾸어 교회 목회를 맡게 되었다.

뛰어들고 보니, 교회는 전혀 다른 세계였다. 제일 먼저 눈에 띈 차이는, 아무도 성경에 별로 관심이 없어 보인다는 점이었다. 얼마 전까지만 해도, 사람들은 내게 돈을 내면서까지 성경을 가르쳐 달라고 했는데 말이다. 내가 새로 섬기게 된 사람들 중 다수는, 사실 성경에 대해 아무것도 몰랐다. 성경을 읽은 적도 없었고, 배우려는 마음조차 없었다. 성경을 몇 년씩 읽어 온 사람들도 많았지만, 그들에게 성경은 너무 익숙해서 무미건조하고 진부한 말로 전락해 있었다. 그들은 지루함을 느낀 나머지 성경을 제쳐 둔 상태였다. 그 양쪽 사이에 있는 사람은 많지 않았다. 내가 가장 중요하게 여긴 일은, 성경 말씀을 그 사람들의 머리와 가슴 속에 들여놓아서, 성경의 메시지가 그들의 삶이 되게 하는 것이었다. 그러나 거기에 관심을 갖는 사람은 거의 없었다. 신문과 잡지, 영화와 소설이 그들 입맛에 더 맞았다.

결국 나는, 바로 그 사람들에게 성경의 메시지를 듣게—정말로 듣게—해주는 일을 내 평생의 본분으로 삼게 되었다. 그것이야말로 확실히 나를 위해 예비된 일이었다.

나는 성경의 세계와 오늘의 세계라는 두 언어 세계에 살고 있었다. 나는 언제나 그 두 세계가 같은 세계인 줄 알았다. 그러나 사람들은 그렇게 보지 않았다. 나는 어쩔 수 없이 "번역가"(당시에는 그런 표현을 쓰지 않았지만)가 되었다. 날마다 그 두 세계의 접경에 서서, 하나님이 우리를 창조하시고 구원하시고 치유하시고 복 주시고 심판하시고 다스리실 때 쓰시는 성경의 언어를, 우리가 잡담하고 이야기하고 길을 알려 주고 사업하고 노래 부르고 자녀에게 말할 때 쓰는 오늘의 언어로 옮긴 것이다.

그렇게 하는 동안, 성경의 원어—강력하고 생생한 히브리어와 그리스어—는 끊임없이 내 설교의 물밑에서 작용했다. 성경의 원어는 단어와 문장을 힘 있고 예리하게 해주고, 내가 섬기는 사람들의 상상력을 넓혀 주었다. 그래서 오늘의 언어 속에서 성경의 언어를 듣고, 성경의 언어 속에서 오늘의 언어를 들을 수 있게 해주었다.

나는 30년간 한 교회에서 그 일을 했다. 그러던 어느 날(1990년 4월 30일이었다), 한 편집자가 내게 편지를 보내 왔다. 그동안 내가 목사로서 해온 일의 연장선에서 새로운 성경 번역본을 집필해 달라는 청탁의 편지였다. 나는 수락했다. 그 후 10년은 수확기였다. 그 열매가 바로 『메시지』다.

『메시지』는 읽는 성경이다. 기존의 탁월한 주석성경을 대체하기 위한 것이 아니다. 내 취지는 간단하다. (일찍이 우리 교회와 공동체에서도 그랬듯이) 성경이 충분히 읽을 수 있는 책이라는 사실을 모르는 사람들에게 성경을 읽게 해주고, 성경에 관심을 잃은 지 오래된 사람들에게 성경을 다시 읽게 해주는 것이다. 그렇다고 굳이 내용을 쉽게 하지는 않았다. 성경에는 이해하기 어려운 부분도 많이 있다. 그래서 『메시지』를 읽다 보면, 더 깊은 연구에 도움이 될 주석성경을 구하는 일이 조만간 중요하게 여겨질 것이다. 그때까지는, 일상을 살기 위해 읽으라. 읽으면서 이렇게 기도하라. "하나님, 말씀하신 대로 내게 이루어지기를 원합니다."

유진 피터슨

예레미야 | 머리말

예레미야의 삶과 그가 쓴 책은 둘로 나뉠 수 없는 하나다. 그는 살았던 대로 썼고, 쓴 대로 살았다. 그의 삶과 책 사이에는 불일치가 전혀 없다. 어떤 이들은, 삶보다 글이 낫다. 또 어떤 이들은, 글보다 삶이 낫다. 그러나 예레미야는 글과 삶이 동일하다.

이 사실은 매우 중요하다. 어려운 시기를 맞은 많은 사람들이 그 안에서 어떻게 생각하고 어떻게 기도하며 어떻게 그 시기를 헤쳐 나갈지에 관해 도움을 얻고자 할 때, 가장 많이 찾는 예언자가 예레미야이기 때문이다. 그가 정말 도움을 줄 수 있는 사람이라는 확신을 받고 싶다면, 이 책에서 그것을 확인할 수 있다.

우리는 격변의 시대를 살고 있다. 바야흐로 21세기를 살아가고 있는 지금, 엄밀히 말해 이 시대를 전에 없던 시대라고 할 수는 없다. 분명 과거에도 오늘날과 같은 격변의 시대가 있었다. 급변하는 세상의 속도에 모두가 현기증을 느꼈던 시대 말이다. 하지만 상황과 규모가 어떠하든지, 모든 난세에는 특별한 마음의 태도가 필요하다.

예레미야의 험난했던 인생살이는 히브리 역사상 가장 험난했던 시기 중 하나와 겹친다. 그는 주전 587년에, 예루살렘이 함락되고 유다가 바빌론에 포로로 붙잡혀 가는 것을 직접 목도했다. 일어날 수 있는 최악의 상황이 모두 일어났던 시기였다. 예레미야는 이 험악한 소용돌이 한가운데서 끝까지 견디어 냈다. 기도하고 설교하면서, 고초당하고 맞서 싸우면서, 글을 쓰고 믿음을 지키면서 말이다. 그는 외부에서 오는 폭풍 같은 공격과 내면에서 치솟는 불같은 의심에 시달려야 했다. 피로와 의심과 조롱은 몸과 마음과 감정을 극한까지 내몰았다. 그러나 그는 이 모든 것과 고투하며 자신을 둘러싼 모든 것을 장엄하게 글로 담아냈다.

하나님, 주께서 저를 이렇게 만드셨으니, 저는 따를 수밖에 없습니다.
저는 주님을 이길 수 없습니다.
이제 저는 공개적인 놀림감이 되었습니다.
모든 자들이 저를 놀려댑니다.
저는 입을 열 때마다
"살인이다! 강탈이다!" 하고 외칩니다.
그런데 하나님의 경고의 말씀을 그렇게 외쳐서 제가 얻는 것은 모욕과 멸시가 전부입니다.
그러나 "이제 그만!
더 이상은 하나님의 메시지를 전하지 않으리라!" 하고 마

음먹으면,
말씀이 제 뱃속에서 불처럼 타오르며
뼛속까지 태웁니다.
참아 보려고 했지만, 이제 지쳤습니다.
더는 견딜 수 없습니다!
제 등 뒤에서 수군대는 소리가 들려옵니다.
"저기, '사면초가' 운운했던 자다. 저 자를 잡아라! 신고하여라!"
전에 친구였던 자들이, 지금은 제가 바닥에 고꾸라지기만을 기다립니다.
"뭐든지 하나만 걸려 봐라. 영원히 없애 줄 테니!"

그러나 하나님, 실로 맹렬한 전사이신 주께서 제 편이십니다.
저를 쫓는 자들은 모두 대자로 쭉 뻗게 될 것입니다.
어릿광대처럼 제 발에 걸려 넘어져 땅에 뒹굴며,
우스꽝스런 장면을 연출할 것입니다.

오, 만군의 하나님, 누구도 주님을 우롱하지 못합니다.
주께서는 모든 자를, 모든 것을 꿰뚫어 보십니다.
저는 그들이 행한 그대로 되갚음 받는 것을 보고 싶습니다.
주께 제 송사를 맡겨 드립니다.
하나님께 노래 불러라! 하나님을 찬양하여라!

그분은 악인들의 손아귀에서 약자를 건지시는 분이다
(렘 20:7-13).

여러분이 믿고 의지하던 모든 것이 산산조각 나버리는 상황을 맞게 된다면 어떠하겠는가? 때때로 우리는 하나님께 기대했던 것과 정반대되는 상황을 개인적으로나 공동체적으로 경험하게 된다. 그럴 때 우리는 그 재난을 통해, 그동안 상상했거나 바라던 하나님이 아닌 진짜 하나님을 만나고 그 과정에서 근본적으로 달라지는가? 아니면, 하나님을 헌신짝 버리듯 내버리게 되는가? 그것도 아니라면, 거기에서 더 무너져 이미 붕괴된 신념체계나 환상을 놓지 않으려고 한사코 고집을 부리는가?

격변의 시대를 사는 사람은, 앞서 그것을 경험한 이들에게서 도움을 얻고자 한다. 그들이 어떤 일을 겪었는지, 어떻게 그것을 견뎌 냈는지 배우고 싶어 한다. 은혜에 힘입어 격변의 시기를 견디고 살아남은 이를 찾을 때면, 흔히 사람들은 예레미야를 떠올린다. 그리고 참되고 정직하며 하나님의 길을 보여주는 그를 길동무 삼아, 그와 함께 고통의 시간을 건넌다. 예레미야를 통해 우리는, 어떤 상황에도 하나님은 "나는 너를 사랑하지 않은 적이 없고, 앞으로도 그럴 것이다"(렘 31:3)라고 말씀하시는 분임을 알고 평안할 수 있다.

예레미야

부서뜨리고 다시 시작하여라

1 1-4 베냐민 땅 아나돗의 제사장 가문 힐기야의 아들
예레미야의 **메시지**다. 아모스의 아들 요시야가 유다
를 다스린 지 십삼 년째 되던 해에 **하나님**의 **메시지**가 그에
게 임했다. 그 **메시지**는 요시야의 아들 여호야김이 유다의
왕으로 있던 동안 계속 임했고, 요시야의 아들 시드기야 십
일년, 곧 예루살렘이 포로로 잡혀가게 된 해의 다섯째 달이
되기까지 계속해서 임했다. **하나님**께서 말씀하셨다.

5 "너를 모태에서 빚기 전부터
나는 이미 너를 알고 있었다.
네가 태어나 햇빛을 보기 전부터

이미 너에 대한 거룩한 계획을 세워 두었다.
나는 너를 뭇 민족에게 보낼
예언자로 세우려는 뜻을 품었다."

6 그러나 내가 말했다. "주 **하나님**! 저를 보십시오.
저는 아직 아무것도 모르는 어린아이에 불과합니다!"
7-8 **하나님**께서 내게 말씀하셨다. "어린아이에 불과하다니,
그런 소리 하지 마라.
너는 내가 가라고 하는 곳에 가면 된다.
내가 말하라고 하는 것을 말하면 된다.
전혀 두려워할 것 없다.
내가 바로 곁에서 너를 지켜 줄 것이다."
하나님의 포고다.

9-10 **하나님**께서 손을 내밀어 내 입에 대고 말씀하셨다.
"보아라! 내가 방금 너의 입속에 나의 말을 넣어 주었다.
내가 손수 넣어 주었다!
내가 한 일을 보고 있느냐?
나는 네가 뭇 민족과 통치자들에게 가서 해야 할 일을 주었다.
오늘은 너에게 기념비적인 날이다!
네가 해야 할 일은 뽑아 허물어뜨리고,
찢고 부서뜨리고,
그러고 나서

다시 시작하는 것이다.
다시 세우고 심는 일이다."

11-12 **하나님**의 **메시지**가 내게 임했다. "예레미야야, 지금 무
엇이 보이느냐?"
내가 말했다. "지팡이가 하나 보입니다. 그것이 전부입니다."
그러자 **하나님**께서 말씀하셨다. "잘 보았다! 내가 너의 지
팡이가 되어 줄 것이다.
내가 네게 주는 말들이 다 이루어지게 할 것이다."

13-15 **하나님**의 **메시지**가 다시 임했다. "이제 무엇이 보이
느냐?"
내가 말했다. "끓는 솥이 하나 보이는데, 이쪽으로 기울어
져 곧 쏟아질 것 같습니다."
그러자 **하나님**께서 말씀하셨다. "북방에서 재앙이 쏟아져
이 땅에 사는 모든 백성에게 들이닥칠 것이다.
잘 지켜보아라. 이제 내가 북방에서 왕들을 모두 불러낼
것이다."
하나님의 포고다.

15-16 "그들이 내려와서
예루살렘 성문과
성벽 코앞에,

유다의 모든 마을 코앞에 진을 칠 것이다.
내가 유다 백성에게 심판을 선언할 것이다.
그들이 나를 저버렸기 때문이다.
이 얼마나 천인공노할 일인가!
그들은 다른 신들에게 잘 보이려고 제물을 갖다 바쳤고,
자기들이 잘라 만든 막대기와 색칠해 만든 돌들을 신으로 섬겼다.

17 그러나 너는, 옷을 챙겨 입고 일어나 일을 시작하여라!
일어나서 네가 해야 할 말을 하여라. 내가 전하라는 말을 그대로 전하여라.
인정사정 봐주지 말고 주먹을 날려라.
그렇지 않으면 내가 너를 경기장 바깥으로 빼 버릴 것이다.

18-19 내가 너를 무장시킬 테니 너는 주의하여 서 있거라.
내가 너를 난공불락의 성으로,
꿈쩍도 않는 강철 기둥으로,
견고한 철벽으로 만들어 세울 것이다.
너는 이 시대의 문화와
유다의 왕과 제후들과
제사장과 지역 고관들에게 맞서는,
일인 방어 요새다.
그들이 덤벼들겠으나,

네게 흠집 하나 내지 못할 것이다.
내가 너를 철두철미하게 엄호해 줄 것이다."
하나님의 포고다.

하나님의 거룩한 특선품이었던 이스라엘

2 1-3 **하나님**의 **메시지**가 이같이 내게 임했다.

"거리로 나가 예루살렘을 향해 외쳐라.
'**하나님**의 **메시지**다!
나는 네가 젊은 시절에 바친 충성을 기억한다.
신혼 같았던 우리의 사랑을 기억한다.
그 광야 시절, 너는 내 곁을 지켰고
그 고생길에도 내 곁을 떠나지 않았다.
이스라엘은 **하나님**의 거룩한 특선품이자
특상품이었다.
감히 그녀에게 손대는 자는 누구든지
곧 후회하게 되었다!'"
하나님의 포고다.

4-6 야곱의 집이여, **하나님**의 **메시지**를 들어라!
너희, 이스라엘의 집이여!
하나님의 **메시지**다. "도대체 내가 무엇을 잘못했기에

너희 조상은 나를 버리고,
거품에 불과한 우상과 붙어살다가
자기들도 거품이 되고 말았단 말이냐?
그들은 한 번도 이렇게 물은 적이 없다. '**하나님**은 어디 계신가?
우리를 이집트에서 구해 주시고
그 메마른 사막과 죽음의 골짜기,
아무도 살아 나오지 못하는 땅,
사람이 살 수 없는 잔혹한 땅을 지나던
그 험악하고 다사다난했던 광야 세월 동안,
한결같이 우리를 보살펴 주신 그 하나님은?'

7-8 나는 너희를 비옥한 땅으로 인도하여
싱싱한 과일을 따 먹게 했다.
그런데 너희는 내 땅에 난입해 들어와서 그 땅을 더럽혔다.
내가 아끼는 땅을 쓰레기장으로 만들고 오염시켰다.
제사장이라는 자들은 '**하나님**은 어디 계신가?' 하고 물을 생각도 하지 않았다.
종교 전문가라는 자들은 나에 대해서 아는 바가 전혀 없었다.
통치자들은 내게 도전했고,
예언자들은 바알 신을 전하면서,
허망한 꿈과 우둔한 계획에 지나지 않는 우상을 좇았다.

9-11 그래서 이제 내가 너희를 고발한다."
하나님의 포고다.
"너희와 너희 자녀와 너희 자손들을 고발한다.
주위를 한번 둘러보아라. 이런 일을 본 적이 있느냐?
배를 타고 서쪽 섬들에 가 보아라.
게달 광야에도 가 보아라.
잘 살펴보아라. 이런 일이 전에도 있었더냐?
자기 신을, 신 발꿈치에도 닿지 못하는 것들과 바꾼 나라가 있는지 말이다.
그러나 나의 백성은 나의 영광을,
허망한 꿈과 우둔한 계획에 지나지 않는 우상과 바꾸어 버렸다.

12-13 하늘아, 충격적인 이 일을 보아라!
믿을 수 없는 이 일을 보아라.
어떻게 이런 일이 있을 수 있느냐!"
하나님의 포고다.
"내 백성은 이중의 죄를 범했다.
그들은 나를 버렸다.
그들은 생수가 솟는 샘인 나를 버리고, 대신 땅에 물웅덩이를 팠다.
물이 새는 물웅덩이, 하수구나 다를 바 없는 물웅덩이를 팠다.

14-17 이스라엘은
지체 높은 가문에 태어난 귀한 종이 아니더냐?
그런데 어쩌다가 사자들이 으르렁거리며 서로 차지하려고
달려드는 한 점의 고기 신세가 되고 말았단 말인가?
이제 겨우 뼈다귀 몇 개만 남았구나.
마을들은 쑥대밭, 폐허가 되었다.
멤피스와 다바네스에서 온 이집트 사람들이
너의 두개골을 박살내었다.
왜 이런 일이 일어났다고 생각하느냐?
이는 네가 하나님을,
바른길로 인도하려던 네 하나님을 저버렸기 때문이 아니냐?

18-19 이제 와서 이집트로 도망간다 한들 무엇을 얻을 수 있
겠느냐?
시원한 나일 강 물 한 잔 정도일 것이다.
앗시리아로 도망간다 한들 무엇을 얻을 수 있겠느냐?
청량한 유프라테스 강 물 한 잔 정도일 것이다.
너는 악행의 대가로 실컷 두들겨 맞을 것이다.
불충의 값을 톡톡히 치를 것이다.
네가 무슨 짓을 했는지, 그 쓰디쓴 결말이 무엇인지 똑똑히
보아라.
어떠냐, 너의 하나님을 저버린 것이 잘한 일 같으냐?"
만군의 주 **하나님**의 포고다.

이방 신들에 중독된 이스라엘

20-22 "너는 오래전에 고삐를 풀고 뛰쳐나갔다.
굴레를 다 벗어던져 버렸다.
'더 이상 섬기지 않을 테다!' 말하고 떠나서는,
음란한 종교 산당을 만날 때마다 한 곳도 그냥 지나치지 않고 들어가 싸구려 창녀처럼 몸을 팔았다.
너는 내가 최고의 종자를 구해다 심은
최고급 포도나무였다.
그런데 지금 네 모습이 어떤지 보아라.
엉망으로 자라 비뚤어진 네 모습, 도저히 포도나무로 봐줄 수 없는 꼴이다.
초강력 세제로 빨아 보아라.
생살이 벗겨지도록 북북 문질러 씻어 보아라.
그래도 네 죄의 때는 빠지지 않을 것이다.
너를 쳐다보는 일조차 내게는 고역이다!"
주 **하나님**의 포고다.

23-24 "감히 네가 '나는 죄로 내 자신을 더럽힌 적이 없습니다.
음란한 신 바알들을 찾아다닌 적이 없습니다'라고 말하느냐!
네가 골짜기에 남긴 자국을 보아라.
사막 모래 위의 흔적은 어떻게 설명하겠느냐.
발정 나 이리 뛰고 저리 뛴 낙타 자국,

몸이 달아 헐떡거리며 돌아다니던
들나귀 자국 말이다.
색욕이 발동해 이리저리 날뛰는 짐승은
누구도 말릴 수 없다!

25 진정하여라. 제발 숨 좀 돌려라. 뭐가 그리 급하냐?
왜 그렇게 몸을 망가뜨리느냐?
대체 무엇을 그렇게 좇는 것이냐?
그러나 너는 말한다. '어쩔 수 없습니다.
이방 신들에 중독되어, 멈출 수가 없습니다.'"

26-28 "도둑이 붙잡히고 나서 원통해하듯,
이스라엘 백성이 원통해한다.
왕, 제후, 제사장, 예언자들과 함께 포로로 붙잡히고 나서야
원통해한다.
그들은 나무에다 대고 '나의 아버지!' 하고,
돌을 집어들고서는 '나의 어머니! 나를 낳아 주신 어머니!'
한다.
그들은 내게 늘 뒤통수만 보여주었다.
한 번도 내게 얼굴을 보여준 적이 없다.
그런데도 상황이 안 좋아지면 거리낌 없이 달려와서는,
'손 좀 써 주세요! 우리를 구원해 주세요!' 하고 소리 지른다.

어째서 네가 그렇게도 좋아하는 신들, 네 손으로 만든 그 신들에게 가지 않느냐?
그들을 깨워라. 재앙에서 구해 달라고 하여라.
유다야, 너에게는 주체할 수 없을 정도로
많은 신들이 있지 않느냐."

유다를 심판할 것이다

29-30 "독립을 주장하며 내게서 떠나가다니,
내가 대체 너희에게 무엇을 잘못했느냐?"
하나님의 포고다.
"내가 너희 자녀를 훈련시키려 애썼지만, 시간 낭비였다.
그들은 나를 거들떠보지도 않았다. 내 훈육을 무시했다.
또한 너희는 하나님의 사자들을 제거했다.
그들을 먼지 취급하며 깨끗이 쓸어버렸다.

31-32 오, 이 세대여!
내가 너희에게 말하지 않았느냐? 경고하지 않았느냐?
이스라엘아, 내가 너희를 실망시켰더냐?
어찌하여 나를 막다른 골목 취급하느냐?
어찌하여 나의 백성이 나를 버리고 '아, 속 시원하다!
이제부터 우리는 자유다' 한단 말이냐?
여인이 자기 보석을 잊는 법이 있느냐?
신부가 면사포 쓰는 것을 잊는 법이 있느냐?

그런데 내 백성은 나를 잊었다.
날이 지나고 또 지나도 거들떠보지도 않았다."

33-35 "최대한 즐기며 살겠다더니
정말 출발부터 대단했다.
너는 죄를 가르치는 학교를 세우고
대학원 과정까지 개설해 악을 가르쳤다!
그리고 이제 졸업생들이 배출되고 있다.
멋진 학사모와 가운을 착용한 자들.
그러나 그들의 몸에는 무고한 희생자들의 피가 묻어 있다!
그 피가 너에게 유죄 선고를 내린다.
지금의 위치에 오르기 위해 너는 수많은 사람들을 해치고 찔렀다.
그런데도 뻔뻔한 얼굴로 말한다. '나는 아무 잘못이 없다.
어디, 하나님이 신경 쓰시더냐? 그분이 내게 벌을 내리신 적이 있더냐?'
그러나 보아라. 심판이 오고 있다.
'나는 아무 잘못이 없다'고 말하는 바로 너를 향해 오고 있다.
36-37 너는 한 가지 죄를 도모하다 실패하면
아무렇지 않게 또 다른 죄를 도모한다. 그렇지 않느냐?
그러나 기억하여라. 앗시리아가 그랬던 것처럼

이집트도 너희를 내팽개치고 말 것이다.
너는 가슴을 쥐어뜯으며
거기서 나오게 될 것이다.
나 **하나님**은 네가 의지하는 모든 자들의 리스트를 갖고 있다.
너는 그 누구에게서든 손톱만큼의 도움도 얻지 못할 것이다."

음란한 종교에 사로잡힌 너희

3

1 **하나님**의 **메시지**가 이같이 내게 임했다.
"어떤 남자의 아내가
그를 버리고 떠나
다른 남자와 결혼하면,
본남편이 아무 일 없었다는 듯 그녀를 다시 받아 줄 수 있겠느냐?
이는 땅 전체가 들고 일어날 일이 아니냐?
네가 한 짓이 바로 이와 같다.
너는 이 신 저 신 좇아다니며 매춘부 짓을 했다.
그래 놓고서, 이제 아무 일도 없었다는 듯 돌아오고 싶어 한다."
하나님의 포고다.
2-5 "언덕들을 둘러보아라.
네가 섹스 행각을 벌이지 않은 곳이 어디 한 군데라도 있느냐?
너는 사슴을 쫓는 사냥꾼처럼 야외에 텐트를 쳐 놓고

여러 신들에게 구애했다.
거리의 매춘부처럼
이 신 저 신 붙잡고 호객행위를 했다.
그래서 비가 그친 것이다.
더 이상 하늘에서 비가 내리지 않는 것은 그 때문이다!
그래도 너는 전혀 당황하는 빛이 없다.
매춘부처럼 뻔뻔한 너는
마치 아무 잘못이 없다는 듯 행동한다.
그러면서 뻔뻔스럽게 외친다. '나의 아버지!
제가 어렸을 때 주님은 저를 돌보아 주셨습니다.
왜 지금은 아닌가요?
쉬지 않고 계속 화만 내시렵니까?'
툭하면 네가 하는 말이다. 그러나 너는 쉬지 않고 계속 죄를 짓는다."

네 하나님을 무시하는 너희여

6-10 요시야 왕이 다스릴 때에 **하나님**께서 내게 말씀하셨다.
"너는 변덕쟁이 이스라엘이 언덕마다, 숲마다 찾아다니며 매춘 행위를 벌여 온 것을 보았을 것이다. 나는 그녀가 할 만큼 한 다음에는 돌아오리라 여겼지만, 그렇지 않았다. 그녀의 동생, 배신자 유다는 언니가 하는 짓을 지켜보았다. 내가 그 행실 나쁜 변덕쟁이 이스라엘을 이혼장을 들려 쫓아낸 것도 지켜보았다. 그러나 배신자 유다는 전혀 동요하지

않았다. 오히려 밖으로 나가 더 과감하게 매춘 행위를 벌였
다. 그녀는 저급하고 음란한 종교를 오락물과 유흥거리로
삼으면서, 닥치는 대로 정신 나간 짓과 불경한 짓을 벌였고,
나라 전체에 썩은 내가 진동하게 만들었다. 이 모든 일을 벌
이면서 배신자 유다는 이따금 시늉만 했을 뿐, 내게 눈길 한
번 주지 않았다." **하나님**의 포고다.
11-12 **하나님**께서 내게 말씀하셨다. "변덕쟁이 이스라엘이
배신자 유다보다는 훨씬 낫다. 가서 이 메시지를 전하여라.
북쪽 이스라엘에게 이렇게 말하여라.

12-15 '변덕쟁이 이스라엘아, 돌아오너라.
나는 네게 벌주기를 주저하고 있다.
무슨 일이 있어도 너를 사랑하기로 굳게 마음먹었다.
나는 노했지만, 나의 노는 영원하지 않다.
그저 너의 죄를 시인하기만 하여라.
네가 감히 하나님을 무시했던 것,
나의 말에 귀를 막은 채
외간 남자들을 음란한 종교 숲에 끌어들여,
내키는 대로 난잡한 짓을 벌인 것을 시인하여라.'"
하나님의 포고다.
"방황하는 자녀들아, 돌아오너라!"
하나님의 포고다.
"그렇다. 내가 너희의 참된 남편이다.

내가 너희를 한 사람씩 뽑을 것이다.
성읍마다 한 사람씩, 지역마다 두 사람을 뽑아
너희를 시온으로 데려올 것이다.
그리고 내 뜻대로 다스리는 선한 목자 같은 통치자들을
너희에게 보내 주리라.
그들이 명철과 지혜로 너희를 다스릴 것이다."

16 **하나님**의 포고다. "너희는 이 땅에서 수가 늘고 번성할 것
이다. 그때가 되면, 누구도 '아, 좋았던 옛날이여! 언약궤가
있던 시절이여!'라고 말하지 못할 것이다. '좋았던 옛날'이라
는 말조차 떠오르지 않을 것이다. 궤가 있던 시절, 좋았던
옛 시절은 지나간 과거가 될 것이다.
17 이제, 예루살렘이 새로운 궤가 되고, **하나님**의 보좌가 될
것이다. 이방 민족들이 악한 길에서 떠나, 예루살렘에 모여
하나님을 높이게 될 것이다.
18 그때, 유다와 이스라엘 집안이 하나가 될 것이다. 그들은
손을 맞잡고 북방 나라를 떠나, 내가 너희 조상에게 유산으
로 준 땅으로 올 것이다."

19-20 "너희가 내게 돌아오면 이런 말을 해주리라 생각했었다.
'좋다! 너희를 다시 가족으로 받아 주겠다.
너희에게 최고로 좋은 땅,

뭇 민족들이 부러워 죽을 땅을 주겠다.'
나는 너희가 '사랑하는 아버지!' 하며 내게 와서,
다시는 나를 떠나지 않는 모습을 그렸었다.
그러나 어이없게도, 남편을 배신하고 떠난 여인처럼
너희, 이스라엘 가문 전체가 나를 배신했다."
하나님의 포고다.

21-22 언덕에서 사람들의 소리가 들려온다.
이스라엘이 울부짖는 소리다.
허송한 세월을 두고, 자기 하나님을 까맣게 잊고 살아온 시간을 두고 한탄하는 소리다.
"방황하는 자녀들아, 돌아오너라!
내가 너희 방랑벽을 고쳐 주겠다!"

22-25 "우리가 여기 왔습니다! 주께 돌아왔습니다.
우리의 참 **하나님**이신 주께 돌아왔습니다!
저 유행하는 종교는 전부 저급한 사기에 지나지 않았습니다.
대중에게 최신 신을 팔아먹는 수작에 불과했습니다.
우리가 돌아왔습니다! 우리의 참 **하나님**이신 주께,
이스라엘의 구원이신 주께 돌아왔습니다.
그 사기꾼 신이 우리를 탈탈 털어 갔고, 우리한테서
우리 조상이 남겨 준 것을 전부 빼앗아 갔습니다.

속아 넘어간 우리는 우리의 유산을,
하나님의 축복인 양 떼와 소 떼, 하나님의 선물인 자녀들을 잃고 말았습니다.
우리가 뿌린 씨를 우리가 거두고 있습니다.
지금 우리는 수치 가운데 바닥을 기고 있습니다.
이 모두는, 우리가 **하나님**께 범죄했기 때문입니다.
우리와 우리 부모가 다 범죄했습니다.
우리는 첫걸음마 때부터, 첫말이 터질 때부터 이미,
하나님의 음성에 불순종하는 반역자들이었습니다."

4

1-2 "이스라엘아, 네가 돌아오려거든,
진심으로 내게 돌이켜야 한다.
지니고 있던 역겨운 것들을 모두 없애 버리고,
더 이상 나를 떠나 방황하는 일이 없어야 한다.
그러면 너는 '**하나님**께서 살아 계심을 두고 맹세하는데'라는 말로 진실과 정의와 공의를 도모할 수 있게 될 것이다.
그리하여 뭇 민족들이 더불어 축복을 받게 될 것이며,
이스라엘을 우러러보게 될 것이다."

3-4 **하나님**께서
유다와 예루살렘의 백성에게 주시는 **메시지**다.

"너희 묵은 밭을 갈아라.
그러나 그 땅에 잡초를 심지는 마라!
그렇다. 너희는 하나님 앞에서 너희 삶에 할례를 행해야 한다.
너희, 유다와 예루살렘 백성들아,
너희 묵은 마음을 갈아라.
너희에게 나의 진노의 불이 떨어지지 않도록 하여라.
그 불은 한번 붙으면 꺼지지 않는다.
그 불을 키우는 것은
너희의 사악한 행실이다."

침략자들이 들이닥친다

5-8 "유다에 경보를 울려라.
예루살렘에 뉴스를 전하여라.
'온 땅에 숫양 뿔나팔을 불어라!' 하고 말하여라.
소리 질러라. 확성기에 대고 외쳐라!
'어서 움직여라!
살고 싶거든 피난처로 달아나라!'
시온이 보도록 경보 봉화를 피워 올려라.
'잠시도 지체하지 마라! 꼼지락댈 시간이 없다!'
북쪽에서 재앙이 내려온다. 내가 보낸 재앙이다!
그 재앙이 도착하면, 지축이 흔들릴 것이다.
사자가 튀어나와 달려들듯 침략자들이 들이닥친다.
민족들을 갈기갈기 찢어발기며,

너의 땅을 잿더미로 만들고,
너의 성읍들을 폐허로 만들 것이다.
검은 상복을 꺼내 입어라.
울며 통곡하여라.
하나님의 진노가 쇠망치처럼
우리 머리에 가해졌기 때문이다."

9 **하나님**의 포고다.
"이런 일이 일어나면
왕과 제후들은 겁에 질릴 것이다.
제사장과 예언자들도 당황하여 혼비백산할 것이다."

10 그때 내가 말했다. "오, 주 **하나님**!
주께서 이 백성을, 이 예루살렘을 속이셨습니다.
주께서 '괜찮다. 염려 말라'며 그들을 안심시키신 바로 그
순간에, 칼이 그들 목에 닿았습니다."

11-12 그때가 되면, 이 백성과 이 예루살렘은
이같이 분명한 말을 듣게 될 것이다.
"북방의 사막 초원지대에서
약탈자들이 휩쓸려 오고 있다.
좋을 것 하나 없는 바람, 거센 바람이다.

내가 이 바람을 명하여 불렀다.
내가 나의 백성에게
폭풍 심판을 선언한다."

너의 심장까지 파고드는 악한 삶

13-14 그들을 보아라! 두터운 먹구름 같다.
그들의 병거가 회오리바람같이 질주해 온다.
그들의 군마는 독수리보다도 빠르다!
어쩌면 좋으냐! 이제 우리는 끝장이다!
예루살렘아! 너의 삶에서 악을 깨끗이 씻어 내라.
그래야 구원받을 수 있다.
도대체 언제까지
속에 음험한 악의를 품고 있을 작정이냐?

15-17 이것은 무엇이냐? 단에서 오는 사자인가?
에브라임 언덕에서 오는 흉한 소식이로구나!
사람들에게 알려라.
예루살렘 전역에 그 소식을 전하여라.
"먼 곳에서 침략자들이 들이닥친다.
유다 성읍들을 치겠다고 함성을 질러 댄다.
뼈다귀를 향해 달려드는 개처럼, 그들이 유다를 덮칠 것이다.
왜 그런지 아느냐? 유다가 내게 반역했기 때문이다."
하나님의 포고다.

18 "이는 모두
네가 초래한 것이다.
그 쓰라린 맛은 네 악한 삶에서 비롯된 것이다.
그것이 네 심장까지 파고들 것이다."

19-21 나, 배가 뒤틀려 허리를 펼 수 없다.
불꼬챙이가 창자를 찌르는 듯하다.
오장육부가 갈기갈기 찢기는 것 같은 고통이,
한 순간도 멈추지 않는다.
전쟁을 알리는 숫양 뿔나팔소리가
내 귀를 떠나지 않는다.
재앙이 꼬리에 꼬리를 물고 이어져,
나라 전체가 잿더미가 되었다!
한순간에 내 집이 허물어졌다.
눈 깜짝할 사이에 벽이 무너져 내렸다.
저 경보 봉화를 얼마나 더 보아야 하느냐?
저 경보소리를 얼마나 더 들어야 하느냐?

악의 전문가들

22 "어리석기 짝이 없는, 내 백성이여!
저들은 내가 누구인지 전혀 모른다.

모두 얼간이,
얼뜨기, 멍청이들이다!
악에는 전문가들이지만
선에는 저능아들이다."

23-26 내가 땅을 보니,
다시 창세전의 혼돈과 공허 상태로 돌아가 있었다.
하늘을 보니,
하늘에 별이 하나도 보이지 않았다.
산들을 보니,
산들이 사시나무처럼 떨고 있고,
언덕들도 모두
바람에 마구 흔들리고 있었다.
또 보니, 어찌 된 일인가! 사람이 한 사람도 보이지 않고,
하늘에는 새 한 마리 보이지 않았다.
어떻게 이럴 수 있는가! 동산과 과수원이 다 황무지로 변했다.
모든 성읍이 유령마을이 되었다.
이 모두는 다 **하나님** 때문이다.
하나님의 불타는 진노 때문이다.

27-28 그렇다. 이에 대해 **하나님**께서 말씀하신다.

"나라 전체가 폐허가 될 것이다.

그러나 완전히 망하지는 않을 것이다.
땅이 통곡하고
하늘이 애곡할 것이다.
나는 한번 말하면, 되물리지 않는다.
한번 결정하면, 마음을 바꾸지 않는다."

29 누군가 외친다. "기병과 활 쏘는 자들이다!"
그러자 모두 피신처로 달음질친다.
도랑 속으로 숨어들고,
동굴 속으로 기어오른다.
마을이 텅 비고,
어디에서도 개미 새끼 하나 볼 수 없다.

30-31 그런데 너는, 지금 무엇을 하느냐?
파티복을 차려입고,
보석으로 몸치장을 하고,
립스틱과 볼연지에 마스카라까지!
그런 꽃단장, 다 헛일이다.
너는 누구도 꾀지 못할 것이기 때문이다. 그들은 너를 죽이려고 혈안이 되어 있다!
지금 들리는 이 소리는 무엇인가? 산고 중인 여인의 고통소리,
첫째 아이를 낳고 있는 여인의 비명소리다.
숨을 헐떡이며 도움을 청하는

딸 시온의 울음소리다.
"제발, 도와주세요! 살려주세요!
살인자들이 들이닥쳤어요!"

하늘 높이 쌓인 이 백성의 죄

5 1-2 "예루살렘 거리를 순찰해 보아라.
주위를 둘러보아라. 잘 살펴보아라.
중심가를 샅샅이 뒤져 보아라.
옳은 일을 하는 사람,
참되게 살고자 애쓰는 사람,
어디 하나라도 찾을 수 있는지 보아라.
그런 사람은 내가 용서해 주겠다."
하나님의 포고다.
"그렇지 않고서 '**하나님**께서 살아 계심을 두고 맹세하는데'
운운하며 말만 하는 자들은,
거짓말쟁이에 지나지 않는다."
3-6 그러나 주 **하나님**은
진실을 찾으시는 분이 아니십니까?
주께서 그들을 치셨는데도, 그들은 정신 차리지 않았습니다.
주께서 그들을 연단하셨는데도, 그들은 훈육을 거부했습니다.
바윗돌보다 고집 센 그들,
도무지 바뀌려 하지 않았습니다.
그래서 저는 속으로 생각했습니다. "좋다.

저들은 그저 가난뱅이에 무지렁이 민초일 뿐이다.
하나님에 대해 제대로 배우지 못했고,
기도하는 곳에도 나가지 않는 자들이다.
그러니 이제, 지체 높은 가문의 사람들을 찾아
그들과 이야기해 봐야겠다.
그들이라면 이 일이 무엇인지,
하나님께서 어떻게 하실지 알고 있을 것이다.
사태를 파악하고 있을 것이다."
그러나 그들도 다르지 않았습니다!
그들 역시 제멋대로 빗나가는 반역자들이었습니다!
산속의 사자나 들의 늑대,
길가를 배회하는 표범처럼,
침략자들이 곧 달려들어 우리를 죽일 태세입니다.
거리는 더 이상 안전하지 않습니다.
왜 그렇습니까? 이 백성들의 죄가 하늘 높이 쌓였기 때문입니다.
그들의 반역 행위가 셀 수조차 없는 지경이 되었기 때문입니다.
7-9 "왜 내가 너를 더 참아 주어야 하느냐?
네 자녀들은 나를 버리고 떠나,
신도 아닌 것들에게 가서
그들과 어울렸다.
내가 그들의 간절한 필요를 해결해 주었건만,

그들은 나를 버리고 '신성하다'는 창녀들을 찾아가,
음란한 산당에서 광란의 파티를 벌였다!
훤칠하고 정력 넘치는 수말 같은 그들,
이웃의 아내를 탐하며 씩씩거리고 힝힝거린다.
이런데도, 내가 그저 팔짱만 끼고 보고 있어야 하느냐?"
하나님의 포고다.
"그런 자들,
내가 단단히 손보아야 하지 않겠느냐?"

하나님께서 백성을 버리시다

10-11 "포도원에 가서, 늘어선 포도나무들을 찍어 쪼개라.
그러나 전부 그렇게 하지는 말고, 몇 그루는 남겨 두어라.
그 포도나무에서 자라난 가지들을 쳐내 버려라!
그것들은 **하나님**과 무관하다!
그들 유다와 이스라엘은,
거듭하여 나를 배신했다."
하나님의 포고다.

12-13 "그들은 **하나님**에 대한 거짓말을 퍼뜨렸다.
그들은 말했다. '하나님은 신경 쓸 것 없다.
우리에게는 나쁜 일이 일어나지 않을 것이다.
기근도 전쟁도 없을 것이다.
예언자들은 말쟁이일 뿐이다.

터무니없는 말이나 늘어놓는다.'"

14 그러므로, 만군의 **하나님**께서 내게 이렇게 말씀하셨다.

"그런 말을 한 그들,
이제 그 말을 취소하게 될 것이다.
잘 보아라! 내가 너의 입에
나의 말을, 곧 불을 넣어 준다.
이 백성은 불쏘시개 더미며,
불타 잿더미가 될 것이다.

15-17 이스라엘의 집이여, 주목하여라!
내가 먼 곳에서 한 민족을 데려와 너희를 치게 할 것이다."
하나님의 포고다.
"견실한 민족이자
유구한 역사를 가진 민족,
너와 다른 말을 하는 민족이다.
너는 그들의 말을 한 마디도 알아듣지 못할 것이다.
그들이 활을 겨누면, 너는 죽은 목숨이나 다름없다.
그들은 진짜 전사들이다!
그들이 너를 집과 고향에서 몰아내고,
네 곡식과 자녀를 빼앗아 갈 것이다.
네 양 떼와 소 떼를 다 먹어 치우고,

네 포도나무와 무화과나무를 발가벗길 것이다.
네가 안전하다고 굳게 믿는 요새들이,
그들의 한 방에 모두 초토화될 것이다!"

18-19 **하나님**의 포고다. "비참하기 이를 데 없는 지경에 처하
겠지만, 그러나 완전히 망하지는 않을 것이다. '왜 우리 **하
나님**께서 우리에게 이런 일을 행하십니까?'라고 사람들이
묻거든, 이렇게 일러 주어라. '행한 그대로 당하는 것이다.
너희가 나를 떠나 너희 나라에서 이방 신들을 섬겼으니, 이
제 너희가 그들 나라에서 이방인들을 섬겨야 한다.'

20-25 야곱 집에 이렇게 전하여라.
잘 들어라.
유다에 이런 공문을 내걸어라.
눈이 있어도 보지 못하고
귀가 있어도 듣지 못하는 너희,
아둔한 바보들아,
어찌 나를 높일 줄 모르느냐?
어찌 나를 경외할 줄 모른단 말이냐?
내가 해안선을 그어
대양을 나누었고,
모래사장에 선을 그어
물이 넘어오지 못하게 했다.

물결이 넘실대나 범람하지 못하고,
세찬 파도도 이내 부서지고 만다.
그런데, 이 백성을 보아라!
고삐 풀려 날뛰는 망아지 같다.
그들은 '우리 **하나님**,
봄과 가을에 비를 주시고
계절을 일정하게 순환시키시며
해마다 추수를 허락하시는 하나님,
우리를 위해 만사를 원활하게 하시는 그 하나님을
우리 삶으로 어떻게 높여 드릴까?' 생각해 본 적 없다.
당연한 일이다!
너희의 악한 행실이 너희 눈을 가렸기 때문이다.
너희에게서 나의 축복이 먼 것은 너희 죄 때문이다.

26-29 사악한 자들,
사냥하는 파렴치한들이 내 백성 안에 들어와 있다.
그들이 무고한 사람들을 잡으려 덫을 놓으니,
무죄한 이들이 덫에 걸린다.
잡은 새들로 가득한 사냥꾼의 자루처럼,
그들의 집은 부정하게 취한 이득으로 가득하다.
거만하고 권세 있고 부자인 그들,
피둥피둥 살이 쪄 기름기가 흐른다.
그들에게 양심이란 없다.

옳고 그름에 전혀 개의치 않는다.
대의를 지지하는 일도, 누군가를 지켜 주는 일도 없다.
고아들을 이리 떼에게 내어주고 가난한 이들을 착취한다.
이런데도 너희는 내가 그저 잠자코 있으리라고 생각하느냐?"
하나님의 포고다.
"내가 그들을
크게 손봐 주지 않을 수 있겠느냐?"

30-31 "말이 나오지 않는다! 구역질만 일어난다!
이 나라가 대체 어찌 된 것인가?
예언자들이 거짓을 전파하고
제사장들은 그들의 조수 노릇을 한다.
게다가 내 백성은 이 상황을 즐기고 있다.
완전히 그들 세상이다!
그러나 그 세상이 곧 끝날 텐데, 너희는 어찌하려느냐?"

거짓 가득한 도성

6 1-5 "베냐민의 자녀들아, 살려거든 달아나라!
예루살렘에서 도망쳐라, 당장!
나팔소리 마을에서 숫양 뿔나팔을 크게 불어라.
봉화연기 마을에서 연기를 피워 올려라.
북방에서 재앙이 쏟아져 내려온다.

무시무시한 공포가 닥친다!
나는 사랑하는 딸 시온을
아름다운 목초지라 불렀다.
그러나 이제 북쪽의 '목자들'이 그녀를 발견하고,
군대를 몰고 와서
사방에 진을 친다
어디서 풀을 뜯어 먹을까 모의한다.
그러다가 외친다. '공격 준비! 전투 준비!
전원 무장하라! 정오에 쳐들어간다!
너무 늦었나? 날이 벌써 저문다고?
땅거미가 내린다고?
좋다. 어쨌든 준비하라! 밤에 공격해 들어갈 것이다.
그녀의 방어 요새를 초토화시켜 버리자.'"

6-8 만군의 **하나님**께서 명령을 내리셨다.
"그녀의 나무들을 베어 쓰러뜨려라.
포위 공격 축대를 쌓아서 예루살렘,
야만이 가득하고
폭력이 들끓는 그 도성을 쳐라.
멈추지 않고 솟아나는 샘처럼,
그녀에게서는 끊임없이 악이 솟아나온다.
거리마다 '폭력이다! 강간이다!' 외치는 소리가 들려오고,
곳곳마다 희생자들이 땅바닥에 쓰러져 피 흘리며 신음한다.

예루살렘아, 너는 위험에 처했다.
나는 너를 더 이상 참을 수가 없다.
이제 너는 전멸을 앞두고 있다.
유령마을이 되기 직전이다."

9 만군의 **하나님**께서 명령하신다.

"이제 시간이 되었다! 포도를 따거라. 심판을 행하여라.
이스라엘에 남아 있는 것들을 모조리 수거하여라.
그 포도나무들에게 다시 가서,
포도알 하나 남기지 말고 모조리 따거라."

귀 기울여 들을 자 있는가?

10-11 "내가 할 말이 있다. 누구, 귀 기울여 들을 자 있는가?
내가 붙일 경고문이 있다. 누구, 주목하여 볼 자 있는가?
희망이 없구나! 그들의 귀는 밀로 봉해졌다.
전부 귀머거리에, 눈뜬장님이다.
절망적이다! 그들은 **하나님**의 말에 아예 귀를 닫아 버렸다.
그들은 내가 하는 말을 듣기 싫어한다.
그러나 내 속에서 **하나님**의 진노가 부글부글 끓어오른다.
더 이상 품고 있을 수 없다.

11-12 그러니 이 분노를 거리의 아이들에게 쏟아부어라.

젊은 무리에게 쏟아부어라.
누구도 예외가 없다. 남편과 아내가 잡혀가고,
노인과 죽을 날이 얼마 안 남은 병자도 끌려갈 것이다.
모두 집을 빼앗길 것이다.
가졌던 전부를 잃고, 사랑하는 자들도 잃을 것이다.
내가 신호를 내려
이 나라에 살고 있는 모든 자를 칠 것이다."
하나님의 포고다.

13-15 "다들 부정한 이득을 취하는 데 혈안이다.
지위 높은 자나 낮은 자나 마찬가지다.
예언자든 제사장이든, 누구 할 것 없이 모두가
말을 비틀고 진실을 조작한다.
내 백성이 망가졌다. 아주 결딴나 버렸다!
그런데도 그들은 반창고나 붙여 주면서,
'별일 아니다. 괜찮다'고 말한다.
그러나 절대 괜찮지 않다!
무도한 짓을 자행하는 그들,
부끄러움을 느낄 것 같으냐?
그렇지 않다. 그들은 부끄러움을 모른다.
얼굴 붉힐 줄을 모른다.
그들에게는 희망이 없다. 바닥에 메쳐진 그들,
일어설 가망이 없다.

내가 보기에,
그들은 끝났다."
하나님께서 말씀하셨다.

하나님의 길에서 떠난 유다 백성

16-20 다시 **하나님**의 메시지다.

"갈림길에 서서 둘러보아라.
옛길, 이미 검증된 길이 어느 방향인지 묻고,
그 길로 가거라.
너희 영혼이 살 수 있는 바른 길을 찾아라.
그러나 그들은 말했다.
'아니, 우리는 그 길로 가지 않을 것이다.'
나는 그들을 위해 파수꾼을 세우고
그들에게 경보를 울리게 했다.
그러나 이 백성은 말했다. '잘못된 경보다.
우리와 상관없다.'
그래서 이제 나는 뭇 민족들을 증인으로 부를 참이다.
'증인들아, 이제 저들에게 무슨 일이 일어나는지 잘 보아라!
땅아, 주목하여라!
이 공문을 똑똑히 보아라.'
이제 내가 이 백성에게 재앙을 내릴 것이다.
감히 나를 상대로 벌인 게임이 어떻게 끝나는지 알게 할 것이다.
그들은 나의 말을 하나도 듣지 않았다.
나의 가르침을 멸시했다.
너희가 스바에서 들여오는 향과
이국에서 가져오는 진귀한 향료 같은 것들을 내가 좋아할 것 같으냐?
너희가 바치는 번제물, 나는 전혀 즐겁지 않다.
너희가 행하는 종교 의식들, 내게는 아무 의미가 없다."

21 그러니 이제 똑똑히 들어라. 너희가 살아온 길에 대한 **하나님**의 선고다.

"잘 보아라! 나는 너희가 가는 그 길에
걸림돌과 장벽을 놓을 것이다.
너희는 그것들과 부딪혀 길 위에 나동그라질 것이다.
부모와 자식, 이웃과 친구들이,
모두 같은 운명을 맞을 것이다."

22-23 **하나님**의 선고다. 똑똑히 들어라.

"잘 보아라! 북방에서 한 침략자가 내려온다.
먼 곳에서 강력한 민족이 쳐들어온다.
사악하고 무자비한 그들,

완전무장에
전투대형을 갖추고,
바다폭풍소리 같은 굉음을 내며,
군마를 타고 너를 치러 온다.
사랑하는 딸, 시온을 치러 온다!"

24-25 그 소식을 들은 우리,
맥이 탁 풀렸습니다.
두려움에 온몸이 마비되었습니다.
공포에 목이 졸려 숨 쉴 수조차 없습니다.
절대 문 밖에 나가지 마라!
집을 나서지 마라!
죽음이 삼킬 것을 찾아 돌아다니고 있다.
도처에 위험이 도사리고 있다!

26 "사랑하는 딸 시온아, 상복을 꺼내 입어라.
얼굴에 검게 재를 바르고,
슬피 울어라.
하나밖에 없는 자식을 잃은 사람처럼 통곡하여라.
카운트다운이 시작된다.
육, 오, 사, 삼……
공포가 들이닥친다!"

27-30 **하나님**께서 내게 이 임무를 맡기셨다.

"내가 너를 내 백성의 심사관으로 삼아,
그들의 삶을 심사하고 무게를 달아 보게 했다.
하나같이 얼간이며 고집불통인 데다가
속속들이 썩어빠진 그들,
고열의 용광로 속에 넣어도
모양이 변하지 않고 그대로다.
제련하려고 아무리 애써도 소용이 없다.
어떻게 해도 그들 안의 악을 빼낼 수가 없다.
사람들은 그들을 포기하고,
그들의 **하나님**이 버린 '폐석'이라 부를 것이다."

예레미야의 성전 설교

7 1-2 예레미야에게 임한 **하나님**의 **메시지**다. "**하나님**
의 성전 문에 서서 이 **메시지**를 전하여라.
2-3 '들어라, **하나님**을 예배하러 이 문으로 들어오는 너희 모
든 유다 백성들아. 만군의 **하나님**, 이스라엘의 하나님께서
너희에게 말씀하신다.
3-7 너희 행위를—사는 방식과 하는 일을—깨끗게 하여라.
그래야 내가 이 성전을 내 집으로 여기고, 너희와 함께 지낼

수 있다. 이곳에서 전하는 거짓말을 터럭만큼도 믿지 마라. "이곳은 **하나님**의 성전이다, **하나님**의 성전이다, **하나님**의 성전이다!" 이 말은 거짓이며 터무니없는 소리다! 너희가 행실을(사는 방식과 하는 일을) 깨끗게 하고, 사는 방식과 이웃을 대하는 방식을 대대적으로 고치며, 빈민과 고아와 과부들을 착취하던 일을 멈추고, 이곳에서 무죄한 자들을 이용하거나 이 성전에 숨어 다른 신들을 섬기며 너희 영혼을 파괴하는 짓을 그만둘 때에야 비로소, 내가 너희 이웃이 되어 너희와 함께 살 것이다. 그때가 되어야, 내가 너희 조상들에게 준 이 나라는 내가 항상 머무는 집, 나의 성전이 될 것이다.

8-11 아무 생각이 없구나! 너희는 너희 지도자들이 던져 주는 거짓말을 잘도 받아 삼키고 있다! 생각해 보아라! 너희는 그렇게 강탈하고 살인하고 이웃의 아내와 간통하고 입만 열면 거짓말하며 우상숭배와 최신 유행 종교를 좇아다니면서, 이 성전, 나를 예배하는 곳으로 구별된 이곳에 들어와 "우리는 안전하다!" 말할 수 있다고 생각하느냐? 밖에서 아무리 극악한 짓을 벌였어도 이 장소에만 들어오면 아무 문제가 없다고 생각하느냐? 여기가 그런 범죄자 소굴이더냐? 너희는 나를 예배하는 곳으로 구별된 이 성전을, 그런 곳으로 바꾸어도 된다고 생각하느냐? 그렇다면 생각을 다시 하여라. 내가 보고 있다. 무슨 일이 벌어지고 있는지 내가 똑똑히 보고 있다.'" **하나님**의 포고다!

12 "'전에 실로에 있던 그 장소, 전에 내가 내 백성을 만나던
그곳을 찾아가 보아라. 그곳이 지금 어떻게 폐허가 되었는
지, 나의 백성 이스라엘이 악한 길로 갈 때에, 내가 그곳을
어떻게 만들었는지 잘 보아라.
13-15 내가 거듭거듭 너희를 따로 불러 엄중히 경고했건만,
너희는 듣지 않고 가던 길을 고집했다. 회개를 촉구했건만,
달라지지 않았다. 그러므로, 이제 나는 나를 예배하는 곳으
로 구별된 이 성전, 너희가 무슨 일이 있어도 너희를 안전하
게 지켜 주리라 믿고 있는 이곳, 내가 너희 조상과 너희에게
선물로 주었던 이 장소에, 전에 내가 실로에서 했던 것과 같
은 일을 일으키겠다. 전에 실로 주위에 살던 너희 옛 친척과
지금은 사라진 북방 왕국, 너희 동족 이스라엘 백성에게 했
던 것처럼, 너희도 싹 쓸어버릴 것이다.'
16-18 너 예레미야야, 이 백성을 위해 기도하느라 네 시간을
낭비할 것 없다. 그들을 위해 간청하지 마라. 그들 일로 나
에게 조르지 마라. 나는 듣지 않을 것이다. 그들이 유다 마
을과 예루살렘 거리에서 하는 짓이 보이지 않느냐? 그들은
자식들에게 땔감을 주워 오게 하여, 아버지는 불을 피우고
어머니는 '하늘의 여왕'에게 바칠 빵을 굽는다! 그것으로도
모자라, 아무 신에게나 술을 부어 바치며 내 마음에 상처를
입힌다."
19 **하나님**의 포고다! "과연 그들이 내게 상처를 입히는 것이
겠느냐? 사실은 그들 자신에게 상처를 입히면서, 자신의 수

치를 드러내고 자신을 우스꽝스럽게 만들고 있지 않느냐?
20 주 **하나님**이 말한다. '나의 불같은 노가 이 나라와 그 안
에 있는 모든 것—사람과 동물, 들의 나무와 동산의 식물—
위에 임할 것이다. 무엇으로도 끌 수 없는 맹렬한 불이다.'
21-23 만군의 **하나님**, 이스라엘의 하나님의 **메시지**다. '그래,
계속 그렇게 하여라! 너희 번제물에다 희생 제물까지, 너희
나 실컷 먹어라. 분명히 말하는데, 나는 그것을 원치 않는
다! 내가 너희 조상을 이집트에서 구해 낼 때, 나는 그들에
게 내가 그런 번제물과 희생 제물을 원한다고 말한 적이 없
다. 나는 이렇게 명령했다. "나에게 순종하여라. 내가 이르
는 대로 행하여라. 그러면 나는 너희 하나님이 되고, 너희는
나의 백성이 될 것이다. 내가 너희에게 이르는 대로 살아라.
내가 명령하는 바를 행하여라. 그러면 너희가 잘될 것이다."
24-26 그러나 그들이 들었느냐? 한 마디도 듣지 않았다. 그들
은 그저 마음 내키는 대로 행했고, 악한 충동에 충실히 따르
면서 날이 갈수록 악해졌다. 너희 조상들이 이집트 땅을 떠
난 날부터 지금까지, 나는 쉬지 않고 나의 종, 예언자들을
보냈다. 그런데 그 백성이 들었느냐? 한 번도 듣지 않았다.
노새처럼 고집불통이며, 조상보다 더 완악한 그들이다!'
27-28 그들에게 가서 내 말을 전하되, 그들이 귀 기울여 들으
리라고는 기대하지 마라. 그들에게 소리쳐 외쳐라. 그러나
대답을 기대하지는 마라. 다만 그들에게 전하여라. '너희는
하나님께 순종하지 않았고, 그분의 훈계를 모조리 거부한

민족이다. 진실이 사라졌다. 너희 입에서 흔적도 없이 사라
졌다.

29 그러니 너의 머리를 밀어라.
민둥산에 올라가 슬피 울어라.
하나님께서 떠나셨기 때문이다.
그분을 노하게 만든 이 세대에 등을 돌리셨다.'"

30-31 **하나님**의 포고다. "유다 백성은 내가 지켜보고 있는데
도 버젓이 악을 저질렀다. 다른 곳도 아니고 나를 높여야 할
성전 안에 추악한 신상을 세워, 나를 의도적으로 모욕했다.
그들은 벤힌놈 골짜기 전역에 장소를 골라 도벳 제단을 세
우고, 아기들을 불살라 바쳤다. 자기 아들딸들을 산 채로 불
태웠다. 나와 나의 명령 전부를 참람하게 왜곡했다."
32-34 **하나님**의 포고다! "그러나 이제 도벳과 벤힌놈은 그 이
름으로 불리지 않게 되리라. 사람들은 그곳을 '살육의 골짜
기'라 부를 것이다. 더 이상 묻을 데가 없어 도벳에 시체들
이 높이 쌓일 것이다! 노천에 버려진 시체들은 그곳을 활보
하는 까마귀와 늑대의 밥이 되리라. 내가 유다 마을과 예루
살렘 거리에서 미소와 웃음이 완전히 사라지게 만들 것이
다. 결혼을 축하하는 노랫소리, 여흥을 즐기는 소리가 사라
지고, 죽음 같은 정적만이 흐를 것이다."

8 [1-2] **하나님**의 포고다. "그때가 이르면, 나는 사람들이
유다 왕들의 뼈, 제후와 제사장과 예언자들의 뼈, 일
반 백성들의 뼈를 다 파헤쳐, 그것들이 하늘의 해와 달과 별
들을 올려다보며 숭배하는 무리들 앞에 널브러지게 만들 것
이다. 오랜 세월 동안 하늘의 신들에 심취하고 '행운의 별들'
을 헌신적으로 따랐던 그들이다. 그 뼈들은 노천에 흩뿌려
진 채 버려지고, 비료와 거름이 되어 땅에 스며들 것이다.
[3] 남은 모든 자들, 곧 악한 세대 중에 불행하게도, 그때까지
목숨이 붙어 있는 자들은, 저주받은 장소를 여기저기 떠돌
며 차라리 죽기를 바랄 것이다." 만군의 **하나님**의 포고다.

그들에게는 희망이 없다

[4-7] "그들에게 가서, **하나님**의 **메시지**를 전하여라.

'사람은 넘어지면 다시 일어서지 않느냐?
잘못 들어선 길이면 멈추고 돌아서지 않느냐?
그런데 어째서 이 백성은 길을 거꾸로 가면서도
계속 그 길을 고집하느냐? 거꾸로 된 그 길을!
그들은 한사코 거짓된 것을 따라가려 하고,
방향을 바꾸기를 거절한다.
내가 유심히 귀를 기울여 보아도,

전혀 들리지 않는다.
자책하는 소리,
"이런 길을 가다니" 하는 후회의 소리 하나 없다.
그들은 그저 그 길을 계속 갈 뿐이다. 맹목적으로 가다가,
멍청하게 벽에 머리를 찧는다.
겨울을 준비하는 두루미는
언제 남쪽으로 이동해야 하는지 안다.
울새, 휘파람새, 파랑새는
언제 다시 돌아와야 하는지 안다.
그러나 내 백성은 어떤가. 그들은 아무것도 모른다.
하나님과 그분의 법에 대해서는 낫 놓고 기역 자도 모른다.

8-9 "우리는 다 안다. 영광스럽게도 우리는
하나님의 계시를 소유한 자들이다"라니, 어떻게 그런 말을
할 수 있느냐?
지금 너희 상태를 보아라. 거짓된 것에 사로잡혀 있다.
너희 종교 전문가들에게 사기당한 것이다!
"다 안다"는 그들, 실상이 폭로될 것이요
정체가 탄로 날 것이다.
그들을 보아라! 정말 다 안다.
하나님의 말씀만 빼놓고 모든 것을 안다.
그런데 그런 것을 과연 "안다"고 말할 수 있겠느냐?

10-12 다 안다는 그들을 내가 어떻게 할지 말해 주겠다.
그들은 아내를 잃고 집을 잃을 것이다.
내가 그렇게 만들 것이다.
다들 부정한 이득을 취하는 데 혈안이다.
지위 높은 자나 낮은 자나 마찬가지다.
예언자든 제사장이든, 누구 할 것 없이 모두가
말을 비틀고 진실을 조작한다.
내 사랑하는 딸, 내 백성이 망가졌다. 아주 결딴나 버렸다!
그런데도 그들은 반창고나 붙여 주면서,
"별일 아니다. 괜찮다"고 말한다.
그러나 절대 괜찮지 않다!
무도한 짓을 자행하는 그들,
부끄러움을 느낄 것 같으냐?
그렇지 않다. 그들은 부끄러움을 모른다.
얼굴 붉힐 줄을 모른다.
그들에게는 희망이 없다. 바닥에 메쳐진 그들,
일어설 가망이 없다.
내가 보기에,
그들은 끝났다.'" **하나님**께서 말씀하셨다.

13 **하나님**의 포고다.
"행여 건질 것이 있을까 해서 나가 보았지만,

아무것도 찾지 못했다.
포도 하나, 무화과 하나 얻지 못했고
시든 이파리 몇 개가 전부였다.
나는 그들에게 주었던 것 전부를
다시 회수할 것이다."

14-16 그러니 여기 이렇게 가만히 앉아서 뭘 하겠느냐?
전열을 갖추자.
그 큰 도성으로 가서 싸우자.
거기에서 싸우다 죽자.
우리에게는 이미 **하나님**의 최후통첩이 내려졌다.
우리는 나가 싸워도 죽고, 싸우지 않더라도 결국 죽을 것이다.
그분께 지은 죄로 인해 우리는 이미 끝장났다.
우리는 사태가 호전되고 역전되리라 기대했지만,
결국 그렇게 되지 않았다.
치유를 바라며 기다렸지만,
결국 모습을 드러낸 것은 공포였다!
북쪽 단에서
말발굽소리가 들려온다.
거센 콧소리를 내며 말들이 질주해 오는 소리다.
땅이 흔들리고 떨린다.
그들이 이 나라를 통째로 삼킬 것이다.
마을과 사람들이 전쟁의 먹이가 되어 사라질 것이다.

17 "그것이 전부가 아니다. 나는 너희 안에
독사도 풀어 놓을 것이다.
무슨 수로도 길들일 수 없는 뱀들,
너희를 모조리 물어 죽일 것이다."
하나님의 포고다!

예언자의 탄식

18-22 나는 비탄에 잠겼다.
가슴이 찢어질 듯 아프다.
들어 보아라! 귀 기울여 들어 보아라! 온 나라에 울려 퍼지는 내 사랑하는 백성의 울음소리를.
하나님께서 더 이상 시온에 계시지 않는가?
왕이신 그분께서 영영 떠나셨는가?
대체 저들이 내 앞에서 장난감 신들,
그 우스꽝스러운 수입 우상들을 자랑하는 까닭이 무엇이냐?
수확이 끝나고 여름도 지나갔지만,
우리는 아무것도 달라진 것이 없다.
우리는 여전히 구조를 기다리고 있다.
내 사랑하는 백성이 상했고, 내 마음도 상했다.
나는 비탄에 잠겨, 슬피 운다.
길르앗에 상처를 치료하는 약이 없단 말이냐?
그곳에 의사가 없단 말이냐?
내 사랑하는 백성을 치료하고 구원하기 위해

할 수 있는 일이 어째서 하나도 없단 말이냐?

9 1-2 내 머리가 물 가득한 우물이었으면,
내 눈이 눈물의 샘이었으면 좋으련만.
그러면, 내 사랑하는 백성에게 닥친 재앙을 가슴 아파하며
밤낮으로 울 수 있을 텐데.
때로는 광야나 숲 속에
오두막집 하나 있었으면 할 때가 있다.
내 백성을 멀리 떠나
그들이 보이지 않는 곳에서 살고 싶다.
저 불충하고 무책임한 떼거리,
저 변절자 무리를 보지 않고 살고 싶다.

3-6 "활이 화살을 쏘듯
그들은 혀로 거짓말을 쏘아 댄다.
강력한 거짓말쟁이 군대요,
진실과 철천지원수다.
나를 알지 못하는 그들,
악에 악을 쌓아 간다."
하나님의 포고다.
"오랜 이웃이라도 경계하여라.

친할머니도 믿지 마라!
옛 사기꾼 야곱처럼,
그들은 자기 형제도 속이고 이용한다.
친구들끼리
악독한 헛소문을 퍼뜨린다.
이웃에게 사기치고
진실을 감춘다.
거짓말로 혀를 단련시킨 그들,
이제는 진실을 말하고 싶어도 할 수 없다.
그들은 잘못 위에 잘못을, 거짓 위에 거짓을 쌓을 뿐
나를 알려고 하지 않는다."
하나님의 포고다.

7-9 그러므로, 만군의 **하나님**께서 말씀하신다.

"보아라! 내가 그들을 녹여
그 본색을 드러내 보일 것이다.
이렇게 사악한 백성에게
내가 달리 무엇을 할 수 있겠느냐?
그들의 혀는 독화살이다!
끔찍한 거짓말이 입에서 끝없이 흘러나온다.
이웃에게 미소를 지으며,
'좋은 아침입니다! 어떻게 지내십니까?' 하고 인사를 나누지만, 속으로는 서로를 없앨 궁리만 한다.
이런데도 내가 그저 팔짱만 낀 채 보고 있어야 하느냐?"
하나님의 포고다.
"그런 자들,
내가 단단히 손봐 주어야 하지 않겠느냐?

10-11 잃어버린 초원을 생각하며 비가를 부른다.
사라진 목초지를 그리며 애가를 부른다.
그 땅들, 이제는 위험하고 황량한 황무지일 뿐이다.
양 떼 소리, 소 떼 소리가 더는 들리지 않는다.
새와 들짐승도 모두 사라졌다.
살아 꿈틀거리는 것, 살아 소리 내는 것이 하나도 없다.
나는 예루살렘을 돌무더기로 만들 것이다.
승냥이나 어슬렁거리며 다니는 곳이 되게 할 것이다.
나는 유다 성읍들을 전부 폐허로 전락시킬 것이다.
아무도 살지 않는 폐허로!"

12 내가 물었다. "우리에게 진상을 알려 줄 현자는 없는가?
하나님께 내막을 전해 듣고 우리에게 알려 줄 자 어디 없는가?
나라가 이토록 황폐해진 까닭이 무엇인가?
어찌하여 인적 하나 없는 황무지가 되어 버렸는가?"

13-15 **하나님**의 대답이다. "그것은 그들이 나의 가르침을 분
명히 알고도 등을 돌렸기 때문이다. 그들은 내 말을 하나도
귀담아듣지 않았고, 내가 지시하는 삶을 한사코 거절했다.
그들은 자기들 원하는 대로 살면서, 그 조상이 그랬던 것처
럼, 모든 소원을 들어준다는 바알 신을 섬겼다." 이것이 그
들이 망한 이유다. 만군의 **하나님**께서 말씀하신다.

"나는 그들에게 돼지 똥오줌을 먹일 것이다.
그들에게 독을 주어 마시게 할 것이다.
16 그러고는 그들 모두를 저 먼 곳, 아무도 들어 보지 못한
이방 민족들 사이로 흩어 버리고, 죽음이 그들을 끝까지 추
격하여 쓸어버리게 할 것이다."

깨어 있어라!

17-19 만군의 **하나님**의 메시지다.

"우리가 곤경에 처했으니, 도움을 청하여라.
슬픔을 달래 줄 노래꾼들을 불러라.
서둘러 오게 하여라.
와서, 우리가 상실과 비탄을 드러내고
눈물을 흘리며 울 수 있도록,
눈물의 노래를 부를 수 있도록 돕게 하여라.
귀 기울여라!

시온에서 흘러나오는 강물 같은 눈물소리에 귀 기울여라.
'우리는 망한 백성,
수치를 당한 백성이로다!
우리는 고향에서 쫓겨난 백성,
자기 땅을 떠나야 하는 백성이로다!'"

20-21 애곡하는 여인들아! 오, **하나님**의 **메시지**를 들어라!
너희 귀를 열어, 그분이 하시는 말씀을 받아라.
너희 딸들에게 장송곡을 가르치고,
너희 친구들에게 비가를 가르쳐라.
죽음이 창문을 넘어,
우리 안방까지 침입해 들어왔다.
놀이터에서 놀던 아이들이 쓰러져 죽고,
광장에서 뛰던 청년들이 고꾸라진다.

22 소리 높여 전하여라! "**하나님**의 **메시지**다.

'어디를 가나 사람의 시체가 즐비하다.
들판에 널린 양과 염소의 똥처럼,
추수 때 바닥에 버려져 썩는 곡식 단처럼
마구 널브러져 있다.'"

23-24 **하나님**의 **메시지**다.

"지혜 있는 자들은 자기 지혜를 자랑하지 마라.
영웅들은 자기 공적을 자랑하지 마라.
부유한 자들은 자기 부를 자랑하지 마라.
자랑을 하려거든,
내 뜻을 알고 나를 아는 것, 오직 그것만을 자랑하여라.
나는 **하나님**, 신실한 사랑으로 일하는 이다.
바른 일을 하며, 만사를 바로잡는 이며,
그런 일을 행하는 자들을 기뻐하는 이다.
이것이 너희가 나를 알아보는 표지다."
하나님의 포고다.

25-26 **하나님**의 포고다! "깨어 있어라! 머지않아 나는, 겉만
꾸미고 속은 텅 빈 자들을 직접 손봐 줄 것이다. 이집트, 유
다, 에돔, 암몬, 모압이 그들이다. 모두 종교 연기에 능한 민
족들, 이스라엘도 다를 바 없다."

거짓 신과 참된 신

10 1-5 이스라엘의 집이여, **하나님**께서 너희에게 보
내시는 **메시지**를 들어라. 주의 깊게 들어라.
"저 이방 민족들을 본받지 마라.

그들의 현란한 마력에 현혹되지 마라.
그들의 종교는
허상에 불과하다.
우상은 목공이 도끼로 나무를 찍어 만든 것에 지나지 않는다.
그들은 그것에 이것저것 장식을 붙이고,
넘어지지 않도록 망치와 못으로 고정한다.
그것은 배추밭에 서 있는 허수아비와 같다.
말 한 마디 못한다!
그것은 사람들이 운반해 주어야 하는 죽은 나무토막에 불과하다. 제 발로 다니지도 못한다!
그런 물건에 현혹되지 마라.
아무짝에도 쓸모없는 무용지물일 뿐이다."

6-9 오 **하나님**, 주님은 그런 것과 비교할 수 없는 분입니다.
주님은 경이롭도록 위대하신 분,
그 이름이 더없이 높으신 분입니다.
만민의 왕이신 주님을 누가 감히 두려워하지 않을 수 있겠습니까?
주님만이 경배받기에 합당하신 분입니다!
저기, 먼 사방의 여러 민족들을 보십시오.
그들 중 가장 뛰어난 자들이 만든 가장 뛰어난 것도
도저히 주님과 견줄 수 없습니다.
아둔하기 짝이 없는 그들, 나무 막대기를 줄지어 세우지만 모두 헛것들일 뿐입니다.
다시스에서 들여온 은박과
우바스에서 들여온 금박,
청색과 자주색 옷감으로 제 아무리 예쁘게 꾸며도
그저 나무 막대기에 불과합니다.

10 그러나 **하나님**은 참되시다.
살아 계신 하나님은 영원한 왕이시다.
그분이 노하시면 땅이 흔들린다.
그렇다, 이방 민족들이 몸을 떤다.
11-15 "그들에게 전하여라. '하늘과 땅을 지은 적 없는 신들,
아무것도 지은 적 없는 막대기 신들은,
결국 하늘과 땅 사이에서,
아무것도 아닌 것이 되어 나뒹굴 것이다.'"
그러나 하나님은 능력으로 땅을 지으시고,
지혜로 세상을 빚어 내셨다.
우주는 그분의 작품이다.
그분께서 천둥소리를 내시면, 비가 쏟아진다.
구름을 피워 올리시고,
번개로 폭풍을 두르시며,
당신의 창고에서 바람을 꺼내 날려 발진시키신다.
막대기 신을 숭배하는 자들,
참으로 어처구니없는 얼간이들이다!

자기 손으로 만든 신들로 수치를 당하여 쩔쩔맨다!
그 신들은 모두 가짜요, 죽은 막대기일 뿐이다.
말라 죽은 나무를 두고 신이라니, 어이가 없다.
심판의 불이 닥치면, 모두 재가 되고 말 것들이다.

16 그러나 '야곱의 분깃'이신 분은 참되시다.
그분은 온 우주를 지으신 분,
이스라엘을 특별히 주목하시는 분.
그분의 이름이 무엇인가? 만군의 **하나님**이시다!

17-18 공격자들에게 포위된 너희여,
짐보따리를 꼭 움켜쥐어라.
하나님께서 경고하셨다. "주목하여라!
나는 여기 사는 자들 전부를 쫓아낼 것이다!
지금 당장. 그렇다, 지금 당장이다!
내가 그들을 벼랑 끝까지 몰아붙이고
압살시킬 것이다."

19-20 이런 재앙의 날이 오다니!
나는 치명상을 입었다.
"오, 내가 어찌

이를 감당할 수 있으리라 여겼단 말인가?"
내 집이 무너졌다.
지붕이 허물어졌다.
자녀들이 사라졌다.
다시는 그들을 보지 못할 것이다.
남아서 재건을 시작할 수 있는 사람,
새롭게 시작할 수 있는 사람, 하나도 남지 않았다!

21 이는 다 우리 지도자들이 어리석었기 때문이다.
그들은 **하나님**께 길을 묻지 않았다.
그래서 모든 일이 틀어졌고,
백성은 사방으로 흩어졌다.

22 자, 들어 보아라! 무엇인가 다가오고 있다!
북쪽 국경 지대에서 큰 소요가 일어나고 있다!
이제 유다 마을들은 박살나서,
들짐승이나 돌아다니는 곳으로 전락하고 말 것이다!

23-25 **하나님**, 저는 압니다. 죽을 인생들인 저희는
인생의 주인이 될 수 없다는 것을,
그럴 만한 능력이
저희에게 없다는 것을.
그러니 **하나님**, 저희를 바로잡아 주십시오.

주께서 보시기에 최선의 길로 인도해 주십시오.
노를 참아 주십시오.
주께서 노를 발하시면 저희는 끝장입니다.
주님의 노를,
저 이방 민족들 위에 내려 주십시오.
그들은 주님을 인정하지 않으며,
주께 기도하지 않는 자들입니다.
야곱을 씹어 먹은 자들입니다.
그렇습니다. 정말로 그를 통째로,
사람과 땅을 모두
씹어 삼킨 자들입니다.

하나님의 언약의 말씀

11 1 **하나님**께서 예레미야에게 주신 **메시지**다.
2-4 "유다 백성과 예루살렘 주민들에게 전하여
라. 그들에게 이렇게 일러라. '이는 **하나님**의 **메시지**, 곧 너
희를 향한 이스라엘의 하나님의 **메시지**다. 이 언약의 조건
을 따르지 않는 자는 누구든지 저주 아래에 놓인다. 그 조건
은 분명하다. 내가 너희 조상을 이집트, 그 고통의 용광로에
서 구해 냈을 때 이미 명백히 말한 바다.
4-5 내가 하는 말에 순종하여라. 나의 명령을 지켜라. 너희가
순종하면 계약이 성사된다. 너희는 나의 백성이 되고 나는 너
희의 하나님이 될 것이다. 이것이 내가 너희 조상에게 한 약

속, 곧 비옥하고 기름진 땅을 주겠다고 한 그 약속을 시행할
조건이다. 그리고 너희가 알듯이, 나는 약속대로 행했다.'"
내가 대답했다. "**하나님**, 참으로 그렇습니다."
6-8 **하나님**께서 이어 말씀하셨다. "유다 성읍과 예루살렘
거리에 나가서 이렇게 전하여라. '이 언약의 조건을 기억
하고 즉시 준행하여라! 너희 조상을 이집트에서 구해 냈을
때, 이미 나는 그들에게 경고했다. 경고하기를 한시도 멈
추지 않았다. 아침부터 밤까지 "나에게 순종하여라!" 하고
경고했다. 그러나 그들은 순종하지 않았다. 그들은 나를
무시했다. 그들은 자기 마음 내키는 대로 살았다. 그래서
결국 내가 이렇게 나섰다. 나의 경고에도 불구하고 그들이
한사코 무시해 온 그 언약에 제시된 벌이, 마침내 시행되
도록 명한 것이다.'"
9-10 **하나님**께서 말씀하셨다. "지금 유다 백성과 예루살렘 주
민들이 모반을 꾀하고 있다. 조상의 죄를 재현하려는 모의
다. 내게 불순종하고 다른 신들을 좇으며 예배하던 죄 말이
다. 이스라엘과 유다가 손을 맞잡고 이 일을 벌이고 있다.
그들의 조상과 내가 맺은 언약을 함부로 깨뜨리고 있다.
11-13 그래, 너희 하나님이 이 일에 대해 할 말이 있다. 보아
라! 이제 내가 너희에게 화가 닥치게 할 것이다. 누구도 빠
져나오지 못한다. 너희가 도와 달라고 소리쳐 울겠지만, 나
는 듣지 않을 것이다. 유다와 예루살렘의 백성들이 지금껏
제사를 지내 온 그 신들에게 달려가서 기도해도 아무 소용

이 없을 것이다. 유다야, 너희 안에는 마을 수만큼이나 많은 신들이 있다! 예루살렘의 골목마다 음란하고 무능한 신 바알을 위한 제단들이 빼곡하다!

14 예레미야야, 너는 이 백성을 위해, 한 마디도 기도하지 마라! 한 마디도 간청하지 마라. 위기가 닥치면 으레 하는 그 기도에 나는 절대 귀 기울이지 않을 것이다."

아나돗 사람들이 예레미야를 죽이려 하다

15-16 "무엇하는 것이냐? 나의 사랑하는 자들이
화를 피할 궁리에 골몰하고 있다니.
그것도 예배 드리는 집에서!
너의 생각에, 이런저런 맹세와 종교 행위를 남발하면
닥쳐오는 재앙에서 구원받을 수 있을 것 같으냐?
종교적인 모양새에 더 신경을 쓰면
화를 면할 수 있다고 생각하느냐?
한때 나는 너를
우람한 상수리나무, 장대하고 영광스런 나무라 불렀다.
그러나 네가 박살나는 데에는
천둥 한 번, 번개 한 번이면 충분할 것이다.

17 그래, 나다. 너희를 심었던 나 만군의 **하나님**이 너희에게 재앙을 선고했다. 이유를 묻느냐? 그것은 너희 삶 자체가 재앙을 부르는 삶이기 때문이다. 한심한 신 바알에게 이스

라엘과 유다가 줄기차게 바친 숭배와 봉헌들, 그것이 나를
노하게 했다."

18-19 **하나님**께서 지금 벌어지고 있는 일을 제게 말씀해 주셨
습니다.
그래서 제가 알게 되었습니다.
하나님, 주께서 제 눈을 열어 그들의 악한 계략을 보게 하셨
습니다.
저는 무슨 일이 일어나고 있는지 전혀 몰랐습니다.
아무것도 모른 채
도살장으로 끌려가는 어린양 같았습니다!
그들이 저를 두고 무슨 꿍꿍이를 하는지 몰랐고,
제 뒤에서 무슨 모의를 꾸미는지도 알지 못했습니다.
"저 설교자를 없애 버리자.
그러면 설교가 중단될 것이다!
그를 영원히 없애 버리자.
기억에서 완전히 사라지게 만들자."

20 내가 말했다. "만군의 **하나님**,
주님은 공정한 재판관이십니다.
주님은 사람의 행위와 동기를
속속들이 아십니다.

저는 그들의 정체가 폭로되어 수치를 당하는 꼴을 보고 싶습니다!
주님은 제가 어떤 사람인지 샅샅이 아십니다. 부디 제 오명을 씻어 주십시오."

21-23 그러자 **하나님**께서 응답하시며 큰소리로 말씀하셨다. "너를 살해하려는 아나돗 사람들, '우리에게 **하나님**의 이름으로 설교하지 마라. 계속 그렇게 나오면 너를 죽여 버릴 테다' 하고 말하는 그들을 내가 어떻게 다룰지 말해 주겠다. 그렇다. 만군의 **하나님**이 말한다. 보아라! 나는 그들에게 책임을 물을 것이다. 그들의 젊은이들이 전쟁터에서 쓰러져 죽고, 아이들은 굶어 죽을 것이다. 아무도 살아남지 못하리라. 아무도. 내가 재앙을 몰고서 아나돗 사람들을 찾아갈 것이다. 그날은 대재앙의 날이 되리라!"

예레미야의 질문에 답하시다

12

1-4 오 **하나님**, 주님은 의로우신 분, 모든 일을 바로잡으시는 분입니다.
이에 대해서는 이의가 없습니다.
그런데 제게 질문이 있습니다.
어째서 나쁜 인간들이 잘되고,
사기꾼들이 성공하여 잘사는 것입니까?
주께서 그들을 심으셨고, 그들은 뿌리를 잘 내렸습니다.

그들은 번창했고, 열매를 많이 맺었습니다.
그들은 마치 주님이 오랜 친구나 되는 듯 떠들지만,
실은 주님에 대해 아무 관심도 없는 자들입니다.
그런데 주님은 저에 대해서는 안팎을 속속들이 꿰뚫어 보십니다.
저만은 무엇 하나도 그냥 넘어가시지 않습니다!
그들이 자신의 삶에 대해 대가를 치르게 해주십시오.
도살되는 양처럼,
그들의 생명으로 대가를 치르게 해주십시오.
그들의 사악함 때문에,
온 나라가 암울해졌고 농장은 폐허가 되었습니다.
이를 얼마나 더 보고 있어야 합니까?
짐승과 새들도 죽어 나가고 있습니다.
하나님께 무관심한 그들,
하나님도 자신들에게 무관심할 거라고 생각하는 그들 때문에 말입니다.

5-6 "예레미야야, 네가 사람들과의 경주에서도 이렇게 피곤해하면, 앞으로 말들과는 어떻게 경주하겠느냐?
평온한 시절에도 정신을 가누지 못하면,
앞으로 고난이, 홍수 때의 요단 강처럼
물밀듯 닥쳐올 때는 어떻게 하려느냐?

지금 너와 가장 가까운 친형제와 사촌들이
너를 해치려 작당하고 있다.
그들은 너를 잡으려고 혈안이다.
어떤 일도 서슴지 않을 것이다.
그들을 믿지 마라. 특히 미소를 띠고 접근할 때는 더욱 조심하여라."

7-11 "나는 이스라엘 집을 버리고,
내 사랑하는 백성을 버리고 떠날 참이다.
내 사랑하는 자들을
그 원수들의 손에 넘겨주려고 한다.
백성이, 내 사랑하는 백성이,
내게 숲 속에서 으르렁거리는 사자처럼 굴었다.
나를 향해 으르렁거리며 이빨을 드러냈다.
나는 더는 봐줄 수 없다.
어찌 내가 아끼는 자가 허영에 들뜬 공작새가 되었느냐?
내 백성은 지금 독수리의 공격을 받는 처지가 아니더냐?
좋다. 굶주린 채 먹이를 찾아 헤매는 짐승들을 다 불러라.
와서 배터지게 먹게 하여라!
닥치는 대로 먹어 삼키는 이방의 목자들이 와서
내 들판을 짓밟고 싹쓸이할 것이다
내가 정성껏 가꾼 아름다운 들판을,

빈 깡통과 엉겅퀴만 있는 공터로 바꾸어 놓을 것이다.
이 땅을, 쓰레기들만 나뒹구는 곳,
황무한 땅, 통곡하는 땅으로 만들어 놓을 것이다.
나라 전체가 황무지가 되어도,
아무도 마음 쓰는 자 없을 것이다."

12-13 "야만인들이 쳐들어와
언덕과 평원을 덮치고,
하나님의 심판의 칼이
땅 이 끝에서 저 끝까지 유린할 것이다.
살아 있는 것은 무엇 하나 안전하지 못하리라.
밀을 심어도 잡초만 거두고,
무슨 일을 해도 성과가 없을 것이다.
초라한 수확을 보며 가슴을 쥐어뜯게 되리라.
이 모두가, **하나님**의 불같은 진노의 결과다!"

14-17 **하나님**의 **메시지**다. "내가 이스라엘에게 유산으로 준
땅을 유린한 나쁜 이웃들, 내가 그들을 땅에서 뽑아낼 것이
다. 그리고 그 지역에서 유다를 데리고 나오겠다. 그 나쁜
이웃들을 뽑아내고 난 뒤에, 마음을 누그러뜨려 그들을 다
시 그들의 땅으로, 그들의 고향으로, 그들의 가족농장으로

되돌려 보낼 것이다. 전에 내 백성으로 하여금 바알 신에게
기도하게 만든 그들이지만, 성심으로 나의 길을 따르고 내
게 기도하면, 만사가 잘 풀릴 것이다. 그러나 내 말에 귀 기
울이지 않을 때는, 그들의 땅에서 뿌리째 뽑아내어 바로 폐
기처분할 것이다. 완전히 끝장내 버릴 것이다!" **하나님**의
포고다.

두 가지 상징

13 1-2 **하나님**께서 내게 말씀하셨다. "가서 모시 바
지를 사서 입어라. 다른 옷으로 갈아입지 말고
빨지도 마라." 나는 **하나님**께서 지시하신 대로 바지를 사서
입었다.
3-5 그러자 **하나님**께서 말씀하셨다. "네가 산 바지를 가지고
브랏으로 가서 그것을 바위틈에 숨겨 두어라." 나는 **하나님**
께서 말씀하신 대로 그 바지를 브랏에 숨겼다.
6-7 꽤 시간이 지난 다음에, **하나님**께서 내게 말씀하셨다.
"브랏에 다시 가서, 전에 내가 숨겨 두라고 한 그 모시 바지
를 가져오너라." 나는 브랏으로 가서 전에 숨겨 두었던 장소
에서 바지를 다시 꺼냈다. 그런데 그 바지는 썩어 문드러져
폐물이 되어 있었다.
8-11 **하나님**께서 설명해 주셨다. "내가 바로 이렇게 유다의
교만과 예루살렘의 큰 교만을 없앨 것이다. 나의 말을 듣지
않고 제멋대로 살면서, 온갖 우상들을 섬기고 예배하는 저

사악한 군상들을 모조리 멸할 것이다. 그들이 그 낡은 바지
만큼 썩었다는 사실이 드러날 것이다. 바지가 사람의 몸을
보호해 주듯이, 나는 지금껏 온 이스라엘의 가문을 보호하
고 돌보아 주었다." **하나님**의 포고다. "그들이 나의 백성이
라는 것, 내가 온 세상에 내보이며 자랑할 내 백성이라는 사
실을 모든 사람들에게 보이기 위해서였다. 그러나 그들은
내 말을 한 마디도 따르지 않았다.
12 그들에게 이렇게 전하여라. '**하나님** 이스라엘의 하나님께
서 친히 주시는 **메시지**다. 무릇 포도주 병은 포도주로 가득
해야 한다.'
그러면 그들이 말할 것이다. '물론이오. 우리도 알고 있소.
포도주 병은 포도주로 가득해야 하오!'
13-14 그러면 너는 이렇게 대답하여라. '**하나님**께서 이렇게
말씀하신다. 잘 보아라. 나는 이 나라에 사는 모든 자를—
다윗 보좌에 앉아 다스리는 왕과 제사장과 예언자와 예루살
렘 주민 모두를—포도주로 가득 채워 취하게 만들 것이다.
그런 다음에, 그들 곧 포도주로 가득한 병들을 박살낼 것이
다. 오래된 것이든 새것이든, 가리지 않을 것이다. 그 무엇
도 나를 막지 못할 것이다. 눈곱만큼의 동정이나 자비나 긍
휼도 베풀지 않을 것이다. 그 술 취한 병들, 최후의 하나까
지 모조리 박살날 것이다!'"

너희 길을 고집하지 마라

15-17 그때 내가 말했다. 들어라. 귀 기울여 들어라. 너희 길
을 고집하지 마라!
이는 다름 아니라 **하나님**의 **메시지**다.
하나님 앞에서 너희 삶이 빛나게 하여라.
그렇지 않으면, 그분이 빛들을 모두 꺼 버리실 것이다.
너희는 어두운 산길을 걷다가
넘어지고 말 것이다.
늘 있을 것이라고 여겨 온 빛이 꺼져 버리면
온 세상은 암흑천지가 될 것이다.
백성들아, 너희가 그래도 귀 기울여 듣지 않으면,
나는 홀로 떠나서 너희를 위해 울 것이다.
너희의 그 고집스런 오만 때문에 울 것이다.
비통한 눈물이, 쓰라린 눈물이
내 눈에서 강처럼 흘러내릴 것이다.
하나님의 양들이 결국 포로가 되고 말 것이기 때문이다.

18-19 왕과 왕후에게 이렇게 전하여라.
"너희 높은 자리에서 내려오너라.
너희의 눈부신 왕관은
너희 머리에서 벗겨져 내릴 것이다."
네겝의 마을들이 포위될 것이며,

모두가 붙잡혀 갈 것이다.
유다 전체가 포로로 끌려가고,
온 나라가 망각 속으로 끌려 들어갈 것이다.

20-22 예루살렘아, 보아라!
북쪽에서 적들이 쳐들어오고 있다!
너의 백성들,
네가 애지중지하던 양 떼들, 어찌될 것인가?
네가 지금껏 우러러보고 아첨 떨던 자들이
너를 깔볼 때,
너의 기분이 어떨 것 같으냐? 너는 생각지도 못했을 것이다.
깜짝 놀랄 것이다! 해산하는 여인과 같은 고통을 느낄 것이다!
너는
"아니, 어떻게 된 거지? 왜 내가 이런 일을 당해야 하지?"
하겠지만, 대답은 간단하다. 네 죄,
너의 엄청난 죄 때문이다.
네 죄가 너의 삶을 위험에 빠뜨렸고,
네 죄가 너를 고통 가운데 몸부림치게 만든 것이다.

23 아프리카인이 피부색을 바꿀 수 있겠느냐?
표범이 얼룩무늬를 없앨 수 있겠느냐?
이토록 오랫동안 악에 물든 네가,

과연 선을 행할 수 있겠느냐?

24-27 "내가 이 백성을
바람에 날리는 나뭇잎처럼 불어서 날려 버릴 것이다.
이 일이 곧 네게 닥치리라.
내가 이 일을 정확히 시행하리라."
하나님의 포고다.
"이는 네가 나를 잊고,
바알이라는, 터무니없는 거짓 신을 따랐기 때문이다.
그렇다. 내가 너의 옷을 찢어발기고,
온 세상이 보는 앞에서 너의 치부를 드러내어 수치를 당하게 할 것이다.
이 신, 저 신을 찾아다니던 너의 강박증,
이 남신, 저 여신과 놀아나던 너의 더러움이 폭로될 것이다.
어제는 언덕의 이 신, 오늘은 들판의 저 신,
너는 날마다 다른 신들과 놀아나고 있다.
오 예루살렘아, 이 얼마나 역겨운 삶이냐!
너는 아무 가망이 없다!"

극심한 가뭄

14

1-6 계속되는 가뭄에 대해 예레미야에게 임한 하나님의 메시지다.

"유다가 슬피 운다.
성읍마다 통곡한다.
백성이 땅바닥에 주저앉아 애곡하고,
예루살렘의 호곡소리가 하늘을 찌른다.
부유한 자들이 물을 구해 오라고 종들을 보낸다.
그들이 우물에 가보지만, 우물은 바싹 말랐다.
그들은 빈 그릇을 들고 돌아온다.
가슴을 쥐어뜯으며, 고개를 떨어뜨린 채 돌아온다.
모든 농사가 중지되었다.
비는 한 방울도 내리지 않는다.
망연자실한 농부들이
가슴을 쥐어뜯으며 고개를 떨어뜨린다.
먹을 풀이 없는 암사슴은
들판에 새끼를 내버린다.
흐려진 눈으로
피골이 상접한 채 죽어 간다."

7-9 저희에게 죄가 있음을 압니다. 잘못 살아왔음을 압니다.
그러나 **하나님**, 주의 이름을 생각하셔서 선처해 주십시오!
저희는 거듭거듭 주님을 배반했습니다.
부인할 수 없는 사실입니다. 저희가 주께 범죄했습니다.
주께서는 이스라엘의 희망이십니다!
저희의 유일한 희망이십니다!

고난당하는 이스라엘이 기댈 마지막 소망이십니다!
어찌하여 주께서 오늘은 여기, 내일은 저기, 구경이나 다니는
관광객처럼 행세하십니까?
어찌하여 주님은 위기 앞에서 어쩔 줄 몰라하는 사람처럼
그저 멀찍이 서서 보고만 계십니까?
하나님, 주께서는 여기에 계십니다. 지금 여기에 저희와 함께 계십니다!
주님은 저희가 누구인지 아십니다. 주께서 저희에게 이름을 주셨습니다!
부디 저희를 이 궁지 속에 내버려 두지 마십시오.

10 그러자 **하나님**께서 이 백성에 대해 말씀하셨다.

"그들은 자기들이 어디로 가는지 아무 고민도 하지 않은 채,
그저 이 길 저 길로 방황하기를 좋아하는 자들이다.
그러니 내가 그들의 죄를 지적하고 그 죄를 벌한 다음에,
그들과 완전히 절교할 생각이다."

거짓 설교자

11-12 **하나님**께서 내게 말씀하셨다. "이 백성이 잘되게 해달라고 기도하지 마라. 그들이 식사를 거르며 기도한다 해도, 나는 그들의 말을 절대 듣지 않을 것이다. 그들이 갑절로 기도하고 온갖 종류의 가축과 곡물을 헌물로 가져온다 해도,

나는 그것들을 받지 않을 것이다. 나는 전쟁과 기근과 질병
으로 그들을 끝장내 버릴 것이다."
13 내가 말했다. "그러나 주 **하나님**! 설교자들은 늘 그들에
게, 만사가 잘될 것이라고, 전쟁도 없고 기근도 없을 것이
니, 아무 걱정도 하지 말라고 말합니다."
14 그러자 **하나님**께서 말씀하셨다. "그 설교자들은 거짓말
쟁이들이다. 그들은 자기들의 거짓을 위장하려고 내 이름을
이용했을 뿐이다. 나는 그들에게 명령을 내린 적이 없으며,
그들과 이야기하지도 않는다. 그들의 설교는 순전히 망상이
요, 거짓말이요, 헛소리에 불과하다.
15-16 그들에 대한 나의 판결은 이러하다. 나는 내 이름을 사
칭하여 설교하는 그들을 보낸 적이 없다. '전쟁과 기근은 결
코 없을 것이다'라고 설교하는 그들은, 모두 전쟁과 기근으
로 죽게 될 것이다. 그리고 그들의 설교를 들은 자들도 전쟁
과 기근의 희생자가 되어, 땅에 묻히지도 못하고 예루살렘
거리에 내버려질 것이다. 그들과 그들의 아내, 그들의 자녀
들도 같은 운명을 맞으리라. 장례조차 치르지 못하게 될 것
이다! 나는 반드시 그들이 저지른 악행에 대해 응분의 대가
를 치르게 할 것이다.

17-18 예레미야야, 그때 너는 그들을 향해 이렇게 전하여라.

'내 눈에서 눈물이 흘러내린다.

밤낮으로 눈물이 그치지 않는다.
내 사랑하는 백성이 참혹하게 두들겨 맞아
치명적인 상처를 입었다.
나는 들판에 나가 보고 경악했다.
그곳은 널브러진 시신들로 가득한 학살의 현장이었다.
도성에 들어가 보고 또 한번 경악했다.
그 안에는 굶어 죽는 자들 천지였다.
그런데 설교자와 제사장들은
아무 일도 없다는 듯 제 할 일만 하고 있구나!'"

19-22 하나님, 유다를 완전히 버리셨습니까?
이제 더는 시온을 참아 주실 수 없습니까?
어찌하여 저희에게 이렇게 하셨습니까?
어찌하여 저희를 거의 죽기까지 내리치셨습니까?
저희는 평화를 바랐지만,
좋은 일은 하나도 일어나지 않습니다.
저희는 치유를 바랐지만,
배만 걷어차였을 뿐입니다.
오 **하나님**, 저희가 정말 잘못 살았습니다.
저희 조상들이 정말 잘못했음을 인정합니다.
저희가 범죄했습니다. 그들도 범죄했습니다.
저희 모두가 주께 범죄했습니다!
주님의 명예가 위태롭게 되었습니다!

그러니 저희를 포기하지 말아 주십시오!
주님의 영광스런 성전을 버리지 마십시오!
주님의 언약을 기억하시고,
우리의 믿음을 저버리지 말아 주십시오!
저 이방 민족들의 우상이 과연 비를 일으킬 수 있겠습니까?
하늘이 저절로 비를 내려 땅을 적실 수 있겠습니까?
아닙니다. 그런 일을 하시는 분은, 오직 주 **하나님**뿐이십니다.
그러므로 저희는 주님을 바라고 기다립니다.
모든 것을 만드시고,
모든 일을 행하시는 분은, 오직 주님이십니다.

15

1-2 그때 **하나님**께서 내게 말씀하셨다. "예레미
야야, 모세와 사무엘이 여기 내 앞에 서서 간청
한다 해도, 나는 이 백성에 대한 마음을 바꾸지 않을 것이
다. 여기서 그들을 데리고 나가거라. 그들에게 어서 사라져
버리라고 말하여라! 그들이 '그러면 우리는 어디로 가야 합
니까?' 물으면, **하나님**께서 이렇게 말씀하신다고 전하여라.

'죽기로 결정된 자는, 가서 죽어라.
전쟁터에서 죽기로 결정된 자는, 나가 싸우다 죽어라.
굶어 죽기로 결정된 자는, 굶어 죽어라.
포로로 잡혀가기로 결정된 자는, 포로로 잡혀가라!'

3-4 나는 네 가지 벌을 내리기로 결정했다. 그들은 전쟁터에
서 죽을 것이며, 개들이 그 시체들을 물어뜯다가 버릴 것이
다. 그러면 독수리들이 나머지를 말끔히 발라 먹고, 하이에
나들이 남은 뼈를 갉아먹을 것이다. 온 세상이 보고 경악할,
실로 끔찍한 광경이 벌어질 것이다. 이 모든 재앙은, 히스기
야의 아들 므낫세가 예루살렘에서 저지른 죄 때문이다.
5 예루살렘아, 너를 동정해 줄 자가 있을 것 같으냐?
너를 위해 눈물을 흘려 줄 자가 있을 것 같으냐?
'대체 어떻게 된 일인가?' 하고
묻기라도 할 자가 있을 것 같으냐?"

6-9 **하나님**의 포고다. "네가 나를 버렸다. 기억하느냐?
네가 내게 등을 돌리고 떠나갔다.
그러니 이제 내가 너를 붙잡아 세게 내려칠 것이다.
너를 봐주는 일에도 이제 지쳤다.
내가 너를 사방으로 던져,
바람에 날리는 나뭇잎처럼 흩어지게 만들었다.
네가 가진 전부를 잃어버리게 만들었다.
너는 그 무엇으로도 바뀌지 않았기 때문이다.
나는 너희 과부들의 수가
바닷가 모래알보다 더 많아지게 했다.
정오에, 어머니들이
전쟁터에서 죽은 아들의 소식을 듣게 될 것이다.

그 처참한 죽음의 소식에,
어머니들은 격통을 느끼며 주저앉을 것이다.
일곱 아들을 둔 어머니는,
숨을 헐떡거리며 땅바닥에 쓰러질 것이다.
한창때의 자식들을 다 잃었기 때문이다.
정오지만 그녀의 해는 이미 졌다!
나는 살아남은 자들도 모두 잡아들여
적들에게 죽임을 당하게 할 것이다."
하나님의 포고다.

예레미야의 탄식과 주님의 응답

10-11 불운한 어머니, 저 같은 아들을 두시다니요.
온 나라를 고발해야 하는 불행한 임무를 받은 저를요!
저는 누구도 해코지한 적이 없는데,
다들 저를 잡으려고 혈안입니다.
그러나 **하나님**은 아십니다.
제가 어떻게든 그들을 도우려 했고,
그들의 적들을 대적하며, 그들을 위해 기도한 것을 아십니다.
저는 늘 그들 편이었고, 재앙을 피하게 하려고 애썼습니다.
제가 얼마나 노력했는지 하나님은 아십니다!

12-14 "오 이스라엘아, 오 유다야, 너희가 과연

북쪽에서 내려오는 저 무시무시한 파괴자와 맞설 수 있겠느냐?
나는 너희가 가진 전부를 다른 자들에게 공짜로 나눠 주어,
너희의 죄를 벌할 것이다.
나는 너희를 먼 객지로 보내어
적들의 종이 되어 살게 할 것이다.
나의 진노가 맹렬히 타오르는 불,
뜨거운 심판의 불이 되어, 너희를 삼킬 것이다."

15-18 **하나님**, 주께서는 저를 아십니다!
제가 무슨 일을 하고 있는지 기억해 주십시오!
저를 비방하는 자들에 맞서 제 편이 되어 주십시오.
그들이 저를 파멸시키려고 할 때 막아 주십시오.
제가 어떤 학대를 당하고 있는지 보아 주십시오!
주의 말씀이 나타나자, 저는 그것들을 받아먹었습니다.
통째로 삼켰습니다. 얼마나 만족스러웠던지요!
오 **하나님**, 만군의 **하나님**,
제가 주의 것임이 얼마나 기쁜지요!
저는 웃고 떠들며 즐기는 저들 무리에
한 번도 섞인 적이 없습니다.
저는 다만 주께서 이끄시는 대로 저의 길을 갔습니다.
주께서 저를 분으로 가득 채우셨고, 그들의 죄를 볼 때마다
제 안에서 분이 끓어올랐습니다.

그러나 이 떠나지 않는 고통은 왜입니까?
어찌하여 이 상처는 나아질 가망 없이 점점 심해져만 가는
지요?
하나님, 주님은 그저 신기루입니다.
멀리서 보면 아름다운 오아시스지만, 실제로는 아무것도 아
닙니다!

19-21 **하나님**께서 내게 이렇게 대답하셨다.

"그 말을 거두어라. 그러면 내가 너를 다시 맞아들여,
내 앞에 우뚝 서게 하겠다.
말을 참되고 바르게 하여라. 천박한 푸념이 되지 않게 하여라.
그래야, 너는 나를 대변하여 말하는 자가 될 수 있다.
그들에게 맞추느라 말을 바꾸지 말고,
너의 말이 그들을 바꾸게 하여라.
나는 너를 누구도 무너뜨리지 못할 강철벽,
두꺼운 강철로 만들어진 벽이 되게 할 것이다.
그들이 너를 공격한다 해도, 네게 흠집 하나 내지 못할 것이다.
내가 너의 편에 서서, 너를 지키며 구원해 줄 것이기 때문
이다."
하나님의 포고다.
"내가 너를 사악한 자들의 손아귀에서 건질 것이다.

무자비한 자들의 수중에서 빼낼 것이다."

임박한 재앙

16 [1] 내게 임한 **하나님**의 **메시지**다.
[2-4] "예레미야야, 너는 결혼하지 마라. 이 땅에서
가정을 꾸리지 마라. 내가 이 나라에서 태어날 모든 아이, 그
들을 낳을 모든 어머니, 아버지들에게 죽음을 선고했다. 죽
음이 전염병처럼 만연하리라. 죽어도 애곡해 주는 자, 매장
해 주는 자 없이 바깥에 배설물처럼 버려져 악취를 풍기며
썩어 갈 것이다. 칼에 죽고 굶주려 죽은 그들의 시신은, 썩은
고기를 뜯어 먹는 까마귀와 잡종 개들의 먹이가 될 것이다!"
[5-7] **하나님**께서 계속 말씀하셨다. "초상집에 가지 마라. 장례
식에 가지 마라. 위로해 주지도 마라. 나는 이 백성에게 아
예 관심을 끊었다." **하나님**의 포고다. "더 이상 신실한 사랑
을 하지 않을 것이며, 자비를 베풀지 않을 것이다. 이름 있
는 자들과 미천한 자들이 모두 죽을 것이다. 그들을 위해 곡
하거나 묻어 줄 사람이 없을 것이다. 장례식도 없고 그들을
돌아보는 자도 없으며, 관심을 갖는 자도 없으리라. '안됐다'
고 말해 주는 자도 없고, 그들 부모에게 차 한 잔 대접하는
자도 없을 것이다.
[8] 어디에서 축하잔치가 벌어져도 그것을 즐기러 가지 마라."
[9] 만군의 **하나님**, 이스라엘의 하나님께서 말씀하신다. "잘
보아라! 내가 이 땅에서 미소와 웃음을 모조리 추방할 것이

다. 결혼 축하잔치도 찾아볼 수 없으리라. 네가 살아 있는 동안에, 너의 눈앞에 이 일이 일어날 것이다.

10-13 네가 이런 말을 이 백성에게 전하면 그들이 물을 것이다. '**하나님**께서 왜 그렇게 말씀하시겠는가? 무엇 때문에 우리를 그런 재앙으로 위협하시겠는가? 우리가 범죄자인가? 우리가 **하나님**께 대체 무얼 잘못했기에, 우리를 그런 식으로 대하신단 말인가?' 그러면 그들에게 이렇게 대답하여라. '그것은 너희 조상들이 나를 저버리고 내게서 아주 떠났기 때문이다. 그들은 우상에 홀딱 빠져 그것들을 숭배하고 따르면서, 나를 무시하고 내가 하는 말은 한 마디도 듣지 않았다. 그런데 너희는 그들보다 더하다! 가서 거울을 들여다보아라. 너희 모두는 그저 내키는 대로 살면서, 나를 바라보기를 거절했다. 그래서 내가 너희를 없애 버리려고 한다. 너희를 이 땅에서 쫓아내고, 낯선 먼 나라에 던져 버릴 것이다. 거기서라면 너희가 애지중지하는 우상들을 마음껏 숭배할 수 있을 것이다. 안심하여라. 내가 더는 너희를 귀찮게 하지 않을 테니.'"

14-15 "그런데 이것 역시 기억하여라. 누구도 '이스라엘을 이집트에서 구해 내신 **하나님**께서 살아 계심을 두고 맹세하는데'라고 말하지 않을 때가 올 것이다. 그때 사람들은 '이스라엘을 북쪽 땅에서 다시 데려오신 하나님, 그들을 흩으셨던

곳에서 다시 데려오신 **하나님**께서 살아 계심을 두고 맹세하
는데'라고 말할 것이다. 그렇다. 나는 처음 그들의 조상에게
주었던 땅으로 그들을 다시 데리고 올 것이다."

16-17 "이제, 다음에 일어날 일에 주목하여라. 나는 많은 어부
들을 불러 모을 것이다." **하나님**의 포고다! "그들이 나가서
내 백성을 물고기 잡듯 잡아들여 심판할 것이다. 또 내가 많
은 사냥꾼들을 보낼 것이다. 그들이 나가서, 모든 산과 언덕
과 동굴들을 샅샅이 뒤져 내 백성을 찾아낼 것이다. 내가 그
들의 일거수일투족을 주시할 것이다. 그들 가운데 누구 하
나도 놓치지 않고, 그들의 죄 가운데 무엇 하나도 놓치지 않
을 것이다.
18 나는 어느 것 하나도 그냥 넘어가지 않을 것이다. 그들은
자신의 악행에 대해 두 배로 값을 치르게 될 것이다. 그들은
역겨운 우상들로 자기 삶을 더럽혔고, 악취 나는 쓰레기 우
상들을 사방에 흩뿌려 이 땅을 엉망진창으로 만들었다."

19-20 환난이 닥칠 때, **하나님**은 내게 힘과 요새와
안전한 피난처가 되어 주신다.
하나님을 모르던 이방 민족들이
사방에서 모여들어 말할 것이다.
"저희 조상들은 거짓과,

쓸데없는 헛것을 믿고 살았습니다."
인생이 어찌 신을 만들어 낼 수 있겠느냐?
그들이 만들어 낸 것은 우상일 뿐이다!

21 "잘 보아라. 내가 이제 이 아둔한 백성을 가르칠 것이다.
지금 당장 시작할 것이다. 그들에게
내가 누구인지, 무슨 일을 행하는지 가르칠 것이다.
내 이름—**하나님**, 곧 '스스로 있는 자'—의 의미를 가르쳐
알게 할 것이다."

유다의 죄와 벌

17

1-2 "유다의 죄가
철필로,
금강석 촉이 달린 철필로 새겨져 있다.
화강암 같은 그들의 마음판에도 새겨져 있고,
그들의 제단 돌 귀퉁이에도 새겨져 있다.
죄의 증거는 명명백백하다.
수풀이 우거진 곳마다,
웬만한 언덕마다 서 있는,
음란한 종교 제단과 산당이 그것들이다.

3-4 나는 너의 산들을 가판대 삼아
네가 가진 전부를 팔아 치울 것이다.

너의 것 전부가,
나라 전역에서 저지른 죄에 대한 배상물로 사용될 것이다.
너는 선물로 받은 땅,
내가 너에게 상속물로 준 땅을 잃게 될 것이다.
내가 너를 낯선 먼 땅에서
적들의 종이 되어 살게 할 것이다.
나의 노는 맹렬히 타오르는 불,
누구도 끌 수 없는 불이다."

5-6 **하나님**의 **메시지**다.
"사람을 의지하고
자기 근력을 믿으며,
하나님을 짐스럽게 여기는 자는
저주를 받으리라.
그는 뿌리가 잘려 굴러다니는
엉겅퀴와 같다.
그는 아무것도 자라지 못하는 땅에서
뿌리 없이, 방향 없이 살아간다.

7-8 그러나 나 **하나님**을 의지하는 자,
언제나 **하나님**을 붙드는 자는 복이 있다.
그들은 에덴에 심긴 나무 같아서,

강가에 깊이 뿌리를 내린다.
폭염을 만나도 걱정할 것 없고,
잎사귀 하나 떨어지지 않는다.
가뭄에도 끄떡없고,
철 따라 신선한 열매를 맺는다."

9-10 "사람의 마음이란 형편없이 시커멓고 기만적이어서,
아무도 풀 수 없는 퍼즐 같다.
그러나 나 **하나님**은 사람의 마음을 탐색하고,
그 생각을 살핀다.
나는 사람의 중심과
사태의 근원을 꿰뚫는다.
나는 사람의 겉모습이 아니라,
그 실상을 본다."

11 사기 쳐 돈을 모은 자들은,
마치 속임수를 써서 다른 새의 둥지에
자기 알을 누이는 자고새와 같다.
알들이 부화하면, 사기는 폭로된다.
이 얼마나 얼간이 같은 짓인가!

12-13 주의 성소는 처음부터 높이 자리 잡았습니다.
지극히 높은 영광의 보좌여!
오 **하나님**, 주님은 이스라엘의 희망이십니다.
주님을 등지는 자들은 바보입니다.
생수의 근원이신 **하나님**을 버리는 자들은,
결국 아무 열매 없는 인생으로
허무하게 죽고 말 것입니다!

14-18 **하나님**, 다시 세워 주십시오.
저를 다시 일으켜 세워 주십시오.
주님은 저의 찬양이십니다!
그들이 제게 하는 소리를 들어 보십시오.
"그래, '**하나님**의 말씀'이란 게 대체 어디 있지?
우리 눈으로 볼 수 있게 해줘 보시지!"
그래도 저는 재앙의 날을 청하지 않았습니다.
환난이 닥치는 것을 바라지 않았습니다.
주께서는 제가 한 말을 다 아십니다.
주님 앞에는 모든 것이 공개되어 있기 때문입니다.
이제 더는 제게 괴로움을 주지 마십시오.
부디 한숨 돌릴 수 있게 해주십시오!

제가 아니라, 이제 저를 괴롭히는 자들이 괴롭힘을 당하게 하십시오.
제가 아니라, 그들이 수치를 당하게 하십시오.
그들에게 재앙의 날을 내려 주십시오.
쾅 하고 벼락을 내려 주십시오!

안식일을 거룩하게 지켜라

19-20 내게 임한 **하나님**의 **메시지**다. "가서, 유다의 왕들이 출
입하는 '백성의 문'에서 시작해 예루살렘 모든 문 앞에 서서,
사람들에게 이렇게 전하여라. '너희 유다의 왕들아, 들어라.
하나님의 **메시지**에 귀 기울여라. 이 문으로 출입하는 너희
모든 백성들아, 너희도 들어라!
21-23 이는 **하나님**의 **메시지**다. 살고 싶거든, 안식일에 평일
처럼 물건을 이리저리 운반하고 다니면서 그날을 더럽히지
않도록 주의하여라. 안식일을 이용해 평일처럼 장사하지 마
라. 내가 너희 조상에게 명령했듯이, 안식일을 거룩하게 지
켜라. 너희가 잘 알듯이, 그들은 그 명령을 따르지 않았다.
그들은 내 말에 주목하지 않았고, 나의 인도와 지도를 거절
하며 장사를 계속했다.
24-26 그러나 이제 내가 이르는 말을 귀담아들어라. 너희 일
을 하느라, 이리저리 바쁘게 돌아다니며 안식일을 더럽히
던 것을 멈추어라. 안식일에 평일처럼 장사하던 것을 멈추
고 그날을 거룩하게 지켜라. 그러면 다윗의 보좌를 이어받

은 왕들과 그 신하들이, 계속해서 말과 마차를 타고 이 문
을 출입하게 될 것이다. 유다의 백성과 예루살렘의 주민들
도 계속 이 문으로 다니게 될 것이다. 예루살렘이 늘 사람들
로 북적거릴 것이다. 유다 너머 사방에서, 베냐민 지방에서,
예루살렘 교외에서, 작은 언덕과 산과 사막들로부터 사람들
이 몰려올 것이다. 그들이 온갖 종류의 예물—짐승과 곡식
과 향료와 감사 예물—을 들고 **하나님**의 성소에 들어와 경
배를 드릴 것이다.
27 그러나 너희가 내 말을 거역하고 안식일을 거룩하게 지키
지 않으면, 안식일을 이용해 자기 사업을 하던 것과 분주하
게 도성 문을 드나들며 자기 일을 하던 것을 그치지 않으면,
그때는 내가 이 문을 모두 불태우고 무너뜨릴 것이다. 아니,
궁전과 도성 전체를 불태우고 허물어 버릴 것이다. 그 무엇
으로도 끌 수 없는 불로 그렇게 할 것이다!'"

토기장이의 비유

18
1-2 **하나님**께서 예레미야에게 말씀하셨다. "당장
일어나 토기장이의 집으로 가거라! 거기 도착하
면 네게 할 말을 일러 주겠다."
3-4 나는 토기장이 집에 갔고, 마침 토기장이가 물레를 돌리
며 일하고 있었다. 그런데 가만히 보니, 토기장이는 자기가
만든 그릇이 마음에 들지 않으면 처음부터 다시 시작해, 그
진흙으로 다른 그릇을 만들었다.

5-10 그때 **하나님**의 **메시지**가 내게 임했다. "이스라엘 백성들
아, 내가 이 토기장이처럼 너희에게 할 수 없겠느냐?" **하나
님**의 포고다! "이 토기장이를 잘 보아라. 나는 그가 자기 진
흙을 다루는 방식으로 너희 이스라엘 백성을 다룬다. 나는
언제라도 어느 백성이나 어느 나라든 뿌리째 뽑아 버리기로
결정할 수 있다. 그러나 그들이 악행을 회개하면, 나는 생각
을 바꾸어 그들과 다시 시작할 수 있다. 또 나는 언제든지,
어느 백성이나 어느 나라든 다시 심기로 결정할 수 있다. 그
러나 그들이 내게 협력하지 않고 내 말을 듣지 않으면, 생각
을 바꾸어 그들에 대한 계획을 취소해 버릴 것이다.
11 그러니, 유다 백성과 예루살렘 주민들에게 나의 이 **메시
지**를 전하여라. '조심하여라! 지금 나는 너희에게 내릴 재앙
을 준비하고 있다. 너희를 칠 계획을 세우고 있다. 재앙에
이르는 그 길에서 돌아서라. 바른 길로 가라.'
12 하지만 그들은 이렇게 말할 것이다. '아니, 왜? 어째서 우
리가 그래야 하지? 우리는 지금껏 살아온 대로 살 거야. 재
앙이야 오든 말든.'"

13-17 **하나님**의 **메시지**다.

"주위에 물어보아라.
이방 민족들을 조사해 보아라.

이런 일을 누가 들어 본 적 있더냐?
처녀 이스라엘이 매춘부가 되다니!
레바논 산 정상에서 눈이 사라지는 것을 본 적 있느냐?
그 산에서 흘러나오는 강물이 마르는 것을 본 적 있느냐?
그런데 내 백성은 나를 버리고 떠나서,
터무니없는 거짓 우상을 숭배하는 자들이 되어 버렸다.
그들은 바른 길,
예로부터 잘 닦인 그 길을 벗어나
넝쿨이 마구 엉킨 덤불 속을
헤치며 간다.
결국 그들의 땅은 엉망이 될 것이며
비웃음거리로 전락할 것이다.
그곳을 지나는 여행자들은
머리를 절레절레 흔들 것이다.
가을 강풍이 나뭇잎들을 흩어 버리듯이,
내가 내 백성을 적들 앞에서 흩어 버릴 것이다.
그 재앙의 날, 그들은 내 얼굴을 전혀 보지 못한 채,
그들을 등지고 떠나는 내 뒷모습만 보게 될 것이다."

18 백성 가운데 어떤 자들이 말했다. "예레미야를 없앨 묘안
을 짜내 보자. 우리에게는 엄연히 율법을 가르쳐 주는 제사
장과 조언을 해주는 현인들과 하나님의 말씀을 전해 주는

예언자들이 있다. 그러니 어떻게든 그의 평판을 떨어뜨려, 모두들 그가 하는 말에 더 이상 신경 쓰지 않게 하자."

19-23 내가 **하나님**께 말씀드렸다.

"**하나님**, 제 말을 들어주십시오!
저의 적들이 하는 말을 들어 보십시오.
선을 악으로 갚아도 되는 것입니까?
그들이 제게 그렇게 하려고 합니다. 저를 죽여 없앨 계획을 세웠습니다!
제가 늘 주님 앞에서
그들을 대변하고,
주님의 노를 풀어 드리려고 애썼던 것을 기억하십니까?
그러나 이제는 됐습니다!
이제, 그들의 자녀들이 굶어 죽게 해주십시오!
그들이 전쟁에서 떼죽음을 당하게 해주십시오!
그들의 아내가 자식과 남편을 잃고 과부가 되게 해주십시오.
그들의 친구가 죽고, 그들의 거만한 젊은이들이 살해당하게 해주십시오.
약탈자들이 들이닥친다는 소식에,
그들의 집에서 공포에 질린 울음소리가 새어 나오게 해주십시오!
그들은 저를 잡아 족치려고 혈안입니다.

이미 제 목을 조르고 있습니다!
그러나 **하나님**, 주님은 알고 계십니다.
그들이 저를 죽이기로 작정했음을, 주님은 알고 계십니다.
그들의 범죄를 봐주지 마십시오.
죄 하나도 그냥 넘어가지 마십시오!
주님 앞에서 그들을 한 묶음으로 돌돌 말아서,
불같은 진노를 발하시고, 주의 무쇠 몽둥이로 내리쳐 주십시오!"

박살난 질그릇

19 1-2 **하나님**께서 내게 말씀하셨다. "가서 질그릇
을 하나 사거라. 그러고 나서 백성 중에 지도자
와 지도급 제사장들 몇 명을 데리고 '질그릇 조각의 문' 바로
앞에 있는 벤힌놈 골짜기로 가거라. 거기서 내가 네게 이르
는 말을 전하여라.
3-5 이렇게 말하여라. '너희 유다 왕들과 예루살렘 백성들아,
하나님의 말씀을 들어라! 이는 만군의 **하나님**, 이스라엘의
하나님의 **메시지**다. 내가 이곳에 재앙을 쏟을 것이다. 들리
느냐? 재앙이 쏟아져 내린다. 그들이 나를 등지고 떠나서,
그들과 그들 부모와 유다의 옛 왕들이 들어 본 적도 없는 낯
선 신들을 예배하면서, 이곳을 남의 나라처럼 만들어 버렸
기 때문이다. 재앙이 쏟아져 내린다. 그들이 우상 바알의 제
단을 세우고, 거기에 그들의 친자식들을 산 채로 불살라 제

물로 바쳤기 때문이다. 이는 내가 명한 적 없는, 아니, 생각
조차 해본 적 없는 끔찍한 일이다!'"
6-9 **하나님**의 포고다! "'그러므로 값을 치를 날이 곧 온다. 이
곳의 이름은 도벳이나 벤힌놈 골짜기가 아닌, 대학살 평지
로 바뀔 것이다. 나는 유다와 예루살렘이 이곳에 대해 세운
모든 계획을 무효로 돌리고, 그들이 여기서 적들에게 떼죽
음을 당하게 할 것이다. 나는 그들의 시체를 쌓아 올려 까마
귀와 들개의 먹이가 되게 할 것이다. 이 도성을 잔혹의 대명
사로 만들어, 이 부근을 지나는 모든 사람이 그 잔혹함에 말
을 잃게 할 것이다. 사람이 사람을 잡아먹을 것이다. 원수들
에게 포위된 채 극한으로 몰리면, 그들은 인간성을 잃고 친
자식도 잡아먹을 것이다! 그렇다. 가족도 친구도 가리지 않
고, 닥치는 대로 잡아먹을 것이다.'
10-13 이 말을 다 전한 뒤에, 네가 데려온 사람들 앞에서 그
질그릇을 박살내라. 그리고 말하여라. '만군의 **하나님**께서
말씀하신다. 사람이 질그릇을 아주 못쓰게 산산조각 내듯
이, 내가 이 백성과 이 도성을 아주 박살낼 것이다. 더 이상
자리가 남지 않을 때까지, 이곳 도벳에 시체를 묻게 될 것이
다. 도성 전체가 도벳처럼 되리라. 백성과 왕이 이 도성을
별 신 숭배 성전으로 만들어 버렸기 때문이다. 도성 전체가
도벳 땅처럼, 썩는 냄새 진동하는 열린 무덤이 될 것이다.'"
14-15 그 후 예레미야는 **하나님**이 말씀을 전하라고 보낸 도
벳에서 돌아와, **하나님**의 성전 뜰에 서서 백성에게 말했다.

"너희를 향한 만군의 **하나님**의 **메시지**다. '경고한다! 내가 곧 이 도성과 주변 마을들에 대해 선언했던 재앙을 내릴 것이다. 그들은 자기 길을 고집하며 돌이키려 하지 않는다. 그들은 내 말을 한 마디도 들으려 하지 않는다.'"

제사장 바스훌과 충돌하다

20

1-5 임멜의 아들 제사장 바스훌은 **하나님**의 성전에서 지도급 제사장이었다. 그는 예레미야가 하는 이 설교를 듣고 예언자 예레미야를 채찍질했다. 그러고 나서 그를 **하나님**의 성전 위쪽 '베냐민 문' 옆 창고에 가두었다. 다음 날 바스훌이 와서 그를 풀어 주자, 예레미야가 그에게 말했다. "**하나님**께서 당신에게 새 이름을 지어 주셨소. 이제 당신 이름은 바스훌이 아니라 '사면초가'요. **하나님**께서 이렇게 말씀하셨소. '이제 너는 네 자신과 주변 사람들 모두에게 위험한 존재다. 네 친구들은 모두 전쟁터에 끌려가, 네가 지켜보는 앞에서 죽임을 당할 것이다. 그뿐 아니라, 나는 유다 백성 전부를 바빌론 왕에게 넘겨주어, 그가 원하는 대로 하게 내버려 둘 것이다. 바빌론 왕은 그들을 포로로 끌고 가서 마음 내키는 대로 죽일 것이다. 왕궁 보물 보관소에 있는 보물은 물론이고, 이 도성 안에 있는 것들 중 조금이라도 값나가는 것은 내가 무엇이든 원수에게 넘겨줄 것이다. 그들이 그 모든 재산과 소유물을 싹쓸이하여 바빌론으로 가져갈 것이다.

6 그리고 바스훌, 너와 네 가족은 모두 포로로 끌려갈 것이
다. 그렇다. 너는 바빌론에 포로로 잡혀가, 거기서 죽어 묻
힐 것이다. 네 거짓 설교를 듣고 동조하던 자들도 모두 그렇
게 될 것이다.'"

7-10 **하나님**, 주께서 저를 이렇게 만드셨으니, 저는 따를 수
밖에 없습니다.
저는 주님을 이길 수 없습니다.
이제 저는 공개적인 놀림감이 되었습니다.
모든 자들이 저를 놀려댑니다.
저는 입을 열 때마다
"살인이다! 강탈이다!" 하고 외칩니다.
그런데 **하나님**의 경고의 말씀을 그렇게 외쳐서 제가 얻는 것은
모욕과 멸시가 전부입니다.
그러나 "이제 그만!
더 이상은 **하나님**의 **메시지**를 전하지 않으리라!" 하고 마음
먹으면, 말씀이 제 뱃속에서 불처럼 타오르며
뼛속까지 태웁니다.
참아 보려고 했지만, 이제 지쳤습니다.
더는 견딜 수 없습니다!
제 등 뒤에서 수군대는 소리가 들려옵니다.
"저기, '사면초가' 운운했던 자다. 저 자를 잡아라! 신고하여라!"

전에 친구였던 자들이, 지금은 제가 바닥에 고꾸라지기만을
기다립니다.
"뭐든지 하나만 걸려 봐라. 영원히 없애 줄 테니!"

11 그러나 **하나님**, 실로 맹렬한 전사이신 주께서 제 편이십
니다.
저를 쫓는 자들은 모두 대자로 쭉 뻗게 될 것입니다.
어릿광대처럼 제 발에 걸려 넘어져 땅에 뒹굴며,
우스꽝스런 장면을 연출할 것입니다.

12 오, 만군의 **하나님**, 누구도 주님을 우롱하지 못합니다.
주께서는 모든 자를, 모든 것을 꿰뚫어 보십니다.
저는 그들이 행한 그대로 되갚음 받는 것을 보고 싶습니다.
주께 제 송사를 맡겨 드립니다.

13 **하나님**께 노래 불러라! **하나님**을 찬양하여라!
그분은 악인들의 손아귀에서 약자를 건지시는 분이다.

14-18 내가 태어난 날이여,
저주 받아라!
내 어머니가 나를 임신한 날이여,
그날도 저주 받아라!

내 아버지에게
"당신 아들이 태어났소" 하고
(그를 몹시도 기쁘게 했을)
소식을 전한 그도 저주 받아라.
출생의 소식이 없던 것이 되고,
기록에서 지워져 버렸으면 좋겠구나.
그 소식을 전한 자는,
자기가 전한 그 흉보에 죽을 때까지 시달림 받으리라.
그는 내가 태어나기 전에 나를 죽였어야 했다.
내 모태가 내 무덤이 되고,
내 어머니는
평생 죽은 아기를 태 안에 둔 채 살아갔어야 했다.
오, 대체 무슨 이유로 내가 그 태에서 나왔단 말인가?
고난과 눈물로 얼룩진 삶,
앞으로도 마찬가지일 이 삶.

예루살렘의 멸망 예고

21 1-2 시드기야 왕이 말기야의 아들 바스훌과 마아
세야의 아들 제사장 스바냐를 예레미야에게 보
냈을 때, 그에게 임한 **하나님**의 **메시지**다. 그들이 와서 말했
다. "바빌론 왕 느부갓네살이 우리를 치려고 전쟁을 일으켰
소. 우리를 위해 **하나님**께 기도해 주시오. 그분께 도움을 청
해 주시오. 어쩌면 **하나님**께서 옛날처럼 기적을 일으켜서

그를 물리쳐 주실지 모르니 말이오."
3-7 그러나 예레미야가 말했다. "시드기야 왕에게 이렇게 전
하시오. '이스라엘의 **하나님**이 네게 이르는 **메시지**다. 너희
군대는 이제 없는 셈 쳐라. 병사들의 사기가 꺾이고, 가진
무기들도 무용지물이 될 것이다. 나는 너희가 지금 힘겹게
대항해 싸우는 바빌론 왕과 갈대아 사람들을 친히 이 도성
안으로 이끌고 들어올 것이다. 내가 그들 편이 되어서 너희
와 맞서 싸울 것이다. 불같은 진노로 전력을 다해 싸울 것이
다. 이 도성에 사는 모든 사람과 짐승들을 무서운 전염병으
로 싹 쓸어버릴 것이다. 그런 후에 나는 유다 왕 시드기야와
그의 신하들, 아직 병들어 죽지 않고, 칼에 맞아 죽지 않고,
굶어 죽지 않은 생존자들 전부를 바빌론 왕 느부갓네살에게
넘겨줄 것이다. 그렇다. 그들을 죽이러 온 적들에게 내가 친
히 넘겨줄 것이다. 적들이 그들을 무자비하게 죽일 것이다.'
8-10 또 백성 전체에게 이렇게 말하시오. '너희를 향한 **하나
님**의 **메시지**다. 잘 들어라. 내가 너희에게 선택권을 준다.
살고자 하느냐, 아니면 죽고자 하느냐? 이 도성에 남는 사
람은 누구나 죽을 것이다. 칼에 맞아 죽든지, 굶어 죽든지,
병에 걸려 죽든지 할 것이다. 그러나 여기를 나가서 이 도성
을 포위하고 있는 갈대아 사람들에게 항복하는 자는, 다 살
것이다. 모든 것을 빼앗기겠으나 목숨만은 부지할 것이다.
나는 기필코 이 도성을 멸망시킬 것이다. 나는 그만큼 크게
노했다! **하나님**의 포고다. 내가 이곳을 바빌론 왕에게 넘겨

줄 것이며, 그가 모든 것을 불태워 잿더미로 만들 것이다.'"

11-14 "유다 왕실에 말한다. **하나님의 메시지**에 귀 기울여라!
다윗 집안이여, 들어라. 너희를 향한 **하나님의 메시지**다.
'아침마다 새롭게 정의를 다짐하며 하루를 시작하여라.
착취당하는 자들을 구해 주어라.
그렇게 하여, 나의 진노의 불을 피하여라.
그 불은 한번 붙으면, 그 무엇으로도 끌 수 없기 때문이다.
그런데 너희는 내 진노에 불을 지피는
악한 무리다.
내가 너희를 적대시한다는 것을 모르느냐?
그래, 내가 너희를 대적한다.
너희는 모든 준비를 갖추어
안전하다고 생각한다.
"누가 우리를 손댈 수 있겠는가?
누가 우리 파티를 망칠 수 있겠는가?" 한다.
내가 그렇게 할 수 있다! 내가 그렇게 할 것이다!
내가 너희 악한 무리를 벌할 것이다.
무엇으로도 끌 수 없는 맹렬한 불을 일으켜서,
보이는 것 전부를 태워 재로 만들 것이다.'"

이 왕궁은 폐허가 될 것이다

22 1-3 **하나님**의 명령이다. "왕궁에 가서 이 메시지
를 전하여라. '다윗 보좌에 앉은 유다 왕아, **하
나님**의 말씀에 귀 기울여라. 왕과 신하들, 그리고 이 왕궁
문을 출입하는 백성들 모두 들어라. 이는 **하나님**의 메시지
다. 너희의 정의를 돌아보아라. 사람 사이의 일을 공정하게
다루어라. 착취당하는 자들을 구해 주어라. 빈민과 고아와
과부들을 착취하지 마라. 살인행위를 멈춰라!
4-5 너희가 이 명령에 순종하면, 그때는 다윗 왕가의 왕들이
끊이지 않고 말과 병거를 타고 이 왕궁 문을 드나들게 될 것
이다. 그들의 신하와 유다 주민들도 그러할 것이다. 그러나
너희가 이 명령에 순종하지 않으면, 맹세컨대—**하나님**의
포고다!—이 왕궁은 폐허가 되고 말 것이다.'"

6-7 유다 왕궁에 대한 **하나님**의 선고다.

"내가 너를 좋아하여
길르앗의 아름다운 언덕과
레바논의 산 정상같이 여겼으나,
이제, 맹세코 너를 황무지로,
텅 빈 유령마을로 바꾸어 놓을 것이다.
커다란 쇠망치와 무시무시한 몽둥이를 가진

파괴자들을 고용하여,
온 나라를 늘씬하게 두들겨 패고
다 불태워 버릴 것이다.

8-9 각처에서 온 여행자들이 이 땅을 지나며 물을 것이다.
'무슨 이유로 **하나님**께서 그 대단하던 도성을 이렇게 만드
셨는가?' 그들은 이런 대답을 듣게 될 것이다. '그들이 자기
하나님과의 언약을 저버리고, 다른 신들을 따르며 숭배했기
때문이다.'"

살룸과 여호야김에 대한 예언

10 죽은 왕 요시야를 두고 울지 마라.
눈물을 낭비할 필요 없다.
대신에, 포로로 잡혀간 그의 아들을 위해 울어라.
그가 영원히 떠났으니 말이다.
그는 다시 고향 땅을 밟지 못할 것이다.
11-12 아버지 요시야를 이어 유다의 왕이 된 살룸에 대해 **하**
나님께서 이렇게 말씀하신다. "그는 이곳을 영원히 떠났다.
그는 그들에게 붙잡혀 가, 그 땅에서 죽을 것이다. 다시는
고향 땅을 밟지 못할 것이다."

13-17 "백성들을 들볶아 자기 왕궁을 짓고,

사람들을 해쳐 가며 좋은 집을 짓고,
일꾼들을 속이고
정당한 품삯을 주지 않는 자,
'널찍한 방과 화려한 창문을 갖춘
멋진 집을 지어 살아야겠다.
값비싸고 진귀한 원목과
최신 유행 장식품을 수입해 들여와야겠다'고 말하는 자에게
화가 있으리라.
그래, 화려한 왕궁을 짓는 일이
왕의 본분이더냐?
네 아버지는 성공한 왕이었다. 그렇지 않느냐?
그는 옳은 일을 행하고 백성을 공정하게 대하여,
모든 일에 형통했다.
그가 억압받는 자들을 보살펴 주었고,
유다가 잘살게 되었다.
이런 것이 나를 안다는 말의 의미가 아니겠느냐?"
하나님의 포고다!
"그러나 너는 눈멀었고 머리도 텅 비었다.
오로지 자기 생각밖에 할 줄 모르며,
힘없는 자들을 이용하고,
힘으로 눌러 약자들을 괴롭힌다."

18-19 유다 왕 요시야의 아들 여호야김에 대한 하나님의 판결

이다.
"이 자에게 화가 있으리라!
아무도 그를 위해
'가련한 형제여!' 하고 울어 주지 않는다.
아무도 그를 위해
'가련한 폐하!' 하고 울어 주지 않는다.
그들은 죽은 노새에게 하듯 그의 장례를 치르고,
성문 밖으로 끌어다가 쓰레기처럼 던져 버릴 것이다."

예루살렘에 대한 탄식

20-23 "예루살렘아, 너는 레바논 산 정상에 올라, 거기서 울어라.
바산의 산에 올라, 거기서 통곡하여라.
아바림 산등성에 올라, 거기서 애곡하여라.
너는 스스로의 삶을 완전히 망가뜨렸다.
네가 잘나갈 때 나는 네게 경고했다.
그러나 너는 '그런 이야기, 관심 없습니다' 하고 말했다.
너는 처음부터 그런 식이었다.
내 말을 한 마디도 듣지 않았다.
네 지도자들이 전부 바람에 휩쓸려 가고,
네 친구들도 다 포로로 잡혀갔으며,
너도 네 악행으로 수치를 당하고,
시궁창에 처박힐 것이다.
너는 큰 도성에 산다며 우쭐대고

으뜸가는 산이나 되는 듯이 함부로 굴었다!
그러나 머지않아 고통 가운데 사지를 비틀게 되리라.
해산하는 여인의 진통보다 더 심한 고통을 겪게 되리라."

24-26 **하나님**의 포고다. "살아 있는 나 하나님을 두고 맹세하
는데, 너 유다 왕 여호야김의 아들 여호야긴아, 네가 내 오
른손에 낀 옥새 반지라 해도 내가 너를 빼내어, 너를 죽이려
고 작정한 자들, 곧 바빌론의 느부갓네살 왕과 갈대아 사람
들에게 넘겨줄 것이다. 그 다음에는, 너와 네 어머니를 고향
땅에서 멀리 떨어진 낯선 나라로 던져 버릴 것이다. 너희 둘
다 거기서 죽을 것이다.
27 너희는 죽을 때까지 고향을 그리워하겠지만, 다시는 고향
땅을 밟지 못할 것이다."

28-30 여호야긴은 물 새는 양동이,
아무짝에도 쓸모없는 폐물인가?
그렇지 않다면 왜 버려졌겠는가? 어찌하여 자식들과 함께
낯선 땅에 버려졌겠는가?
오 땅이여, 땅이여, 땅이여,
하나님의 **메시지**에 귀 기울여라!
하나님의 선고다.
"그를 자식 없는 사람인 셈 치고 포기하여라.

그는 사람 구실을 하지 못할 것이다.
그에게서 대가 끊기고,
그가 마지막 왕이 될 것이다."

의로운 다윗 가지

23 1-4 "내 양 떼를 도살하고 흩어 버린 목자들아,
화가 있으리라!" **하나님**의 포고다. "내 백성을
그릇된 길로 인도한 목자들에게 나 **하나님**, 이스라엘의 하
나님이 말한다. '너희는 내 양 떼를 흩어 버렸다. 너희가 그
들을 몰아냈다. 너희는 그들을 지켜보지 않았다. 그런데 아
느냐? 나는 그런 너희를 지켜보고 있다. 너희 범죄 행위를
하나도 빠뜨리지 않고 지켜보고 있다. 이제 내가 나서서, 내
양들 가운데 남은 양들을 불러 모을 것이다. 내가 쫓아 보냈
던 그 땅에서 다시 불러 모아, 고향 땅으로 데려올 것이다.
그들은 회복되고 번성할 것이다. 그들을 보살필 목자를 내
가 친히 세워 줄 것이다. 그들은 더 이상 공포와 두려움 속
에서 살지 않을 것이다. 잃었던 양들이 다시 모일 것이다!'
하나님의 포고다."

5-6 "그날이 오고 있다." **하나님**의 포고다.
"내가 진정으로 의로운 다윗 가지를 일으켜 세울 날이 오고
있다.
그는 정의롭게 통치를 펼칠 것이며,

정의를 세워 사람들을 하나 되게 하리라.
그의 시대가 이르면, 유다는 다시금 안전한 곳이 되고
이스라엘은 평안을 누리리라.
사람들은 그를,
'모든 일을 바로잡아 주시는 **하나님**'이라 부를 것이다."

7-8 **하나님**의 포고다. "보아라. 그날이 오면, 사람들은 더 이
상 '이스라엘을 이집트에서 구해 내신 **하나님**의 살아 계심
을 두고' 맹세하지 않을 것이다. 대신에 '이스라엘 자손을 북
쪽 땅과, 그들을 쫓아 보낸 곳에서 다시 데려오신 **하나님**의
살아 계심을 두고' 맹세할 것이며, 그들이 비옥한 자기 땅에
서 살 것이다."

거짓 예언자들에 대한 경고

9 머리가 어지럽고,
팔다리에 힘이 풀린다.
사물이 둘로 보일 만큼,
술에 취한 주정뱅이처럼 비틀거린다.
이 모든 것은 **하나님** 때문이다.
그분의 거룩한 말씀 때문이다.

10-12 거짓 예언자들에 대한 **하나님**의 말씀이다.

"믿어지느냐? 나라가 온통 간음하는 자들,
부정하고 문란한 우상숭배자들 천지다!
그들이 저주의 화근이다.
그들로 인해 땅이 황무지가 되었다.
그들의 부정이
나라 전체를 시궁창으로 바꾸어 놓았다.
예언자와 제사장들이 신성모독의 앞잡이들이다.
그들은 하나님인 나와 아무 상관이 없다.
그들은 심지어 내 성전까지도
더러운 범죄로 도배했다." **하나님**의 포고다.
"그들, 무사하지 못할 것이다.
어둔 곳으로 기울어진
미끄러운 길에서 구르다가,
칠흑 같은 어둠 속으로 굴러떨어지리라.
나는 그들이 반드시 죄의 대가를 치르게 할 것이다.
재앙의 해가 닥칠 것이다." **하나님**의 포고다.

13-14 "나는 사마리아 전역에서 예언자들이 벌이는
얼간이짓을 보았다. 충격적이었다!
그들은 바알 우상의 이름으로 설교하며
내 백성을 큰 혼란에 빠뜨렸다.
그런데 예루살렘 예언자들은 그보다 더 심하다.

끔찍할 정도다!
섹스에 중독되고 거짓을 따라 사는 그들,
악의 문화를 장려하고 있으면서
반성은 찾아볼 길 없다.
그들은 옛 소돔의 가련한 자들,
옛 고모라의 타락한 자들 못지않게 악하다."

15 그러므로 만군의 **하나님**께서 그 예언자들에 대해 주시는
메시지다.

"내가 그들에게 구더기 가득한 고기를 먹이고,
후식으로 독약을 주어 마시게 할 것이다.
그 예루살렘 예언자들이, 이 모든 문제의 배후다.
그들이 이 나라를 오염시키는 악의 원인이다."

16-17 만군의 **하나님**의 **메시지**다.

"그 예언자들의 설교에 귀 기울이지 마라.
다 헛소리다. 새빨간 거짓말이다.
모두 지어낸 말이다.
내게서 나온 것은 한 마디도 없다.
그들은 하나님에 대해 무감각한 회중을 앞에 두고

'모든 일이 잘될 것'이라고 말한다.
잘못된 길을 고집하는 백성들을 향해
'나쁜 일은 절대 없을 것'이라고 설교한다.

18-20 그 예언자들 중에
나 **하나님**을 만나려고 애쓰는 자,
내가 하는 말을 들으려고 진정으로 애쓰는 자,
내 말을 듣고, 그대로 살아 내려는 자가 한 사람이라도 있느냐?
보아라! **하나님**의 회오리바람이 닥칠 것이다.
폭풍 같은 나의 회오리바람이,
그 사악한 자들의 머리를 팽이처럼 돌려 버릴 것이다!
내가 다 쓸어버리고
내 일을 마친 뒤에야,
비로소 하나님의 맹렬한 진노가 가라앉을 것이다.
그때 너희는,
내 일이 완수되었음을 보게 될 것이다.

21-22 내가 그 예언자들을 보낸 적이 없는데도,
그들은 제멋대로 달려 나갔다.
내가 그들에게 말한 적이 없는데도,
그들은 제멋대로 말을 전했다.
정말 그들이 차분히 앉아 나를 만나고자 애썼다면,
그들은 내 백성에게 내 **메시지**를 전해 주었을 것이다.

내 백성을 바른 길로 되돌리고,
악한 길에서 건져 내었을 것이다."

23-24 **하나님**의 포고다. "내가 가까이에만 있는 하나님이냐?
멀리 있는 하나님은 아니냐?
내가 볼 수 없는 곳에
사람이 숨는 것이 가능하냐?"
하나님의 포고다.
"나는 보이든 보이지 않든,
어디에나 있지 않느냐?"
하나님의 포고다.

25-27 "나는 내 이름을 팔아 거짓으로 설교하는 그 예언자들이 뭐라고 말하는지 잘 안다. 그들은 '내가 이런 꿈을 꾸었다! 내가 이런 꿈을 꾸었다!' 하고 떠든다. 내가 얼마나 더 참아야 하느냐? 그렇게 거짓말을 전하고 거창한 망상을 토해 내는 그 예언자들이 눈곱만큼이라도 나를 생각하겠느냐? 그들은 서로 꿈을 교환하고 망상을 바꿔 먹으면서, 내 백성을 미혹케 하여 나를 잊게 만든다. 우상 바알에게 미혹되었던 그들의 조상처럼 말이다.

28-29 꿈이나 꾸는 너희 예언자들,
계속 그렇게 얼빠진 꿈 이야기나 하고 다녀라.
그러나 나의 메시지를 받은 예언자들은
충실하고 성실하게 그것을 전하여라.
알곡과 쭉정이가 서로 무슨 상관이 있느냐?
하나님의 포고 같은 것이 또 어디 있으랴!
나의 **메시지**는 불같지 않느냐?" **하나님**의 포고다.
"바위를 깨부수는 거대한 쇠망치 같지 않느냐?

30-31 서로 얻어 들은 것으로 설교하는 그 예언자들을 내가 대적하겠다. 그렇다. 내가 대적할 것이다. 그들은 자기들이 지어낸 말을 설교라 한다.

32 오, 그렇다. 몽상에 불과한 거짓말을 전하고, 그것을 나라 전역에 퍼뜨리며, 저속하고 무모한 말로 내 백성의 삶을 파멸시키는 예언자들을 내가 대적할 것이다.
나는 그들을 보낸 적이 없으며, 그들 중 누구에게도 권한을 부여한 적이 없다. 그들은 이 백성에게 아무 도움도 되지 않는, 백해무익한 존재들이다!" **하나님**의 포고다.
33 "예언자나 제사장이나 그 누구든지 '**하나님**께서 왜 이렇게 말씀하시는 거요? 대체 뭐가 문제요?' 하고 묻거든, 그에게 이렇게 말해 주어라. '너다. 바로 네가 문제다. 그리고 나는 너를 없애 버릴 것이다.'" **하나님**의 포고다.

34 "예언자와 제사장들을 포함해 입만 열면 '**하나님**의 **메시
지**다! **하나님**의 **메시지**다!' 하며 떠들고 다니는 자들, 내가
그들과 그 가족들을 벌할 것이다.
35-36 **하나님**이 뭐라고 말씀하는지 안다고 주장할 것이 아니
라, '이 일에 있어 **하나님**의 뜻이 무엇일까' 하고 서로 물어
보아라. 다 안다는 듯 '하나님께서 내게 이렇게 말씀하셨다.
이렇게도 말씀하셨다' 말하지 마라. 나는 그런 소리를 더 이
상 듣고 싶지 않다. 오직 내가 권한을 부여한 자만이 나를
대변할 수 있다. 그렇지 않은 모든 자는 나의 **메시지**, 곧 살
아 있는 만군의 **하나님**의 **메시지**를 왜곡하는 자다.
37-38 너희는 예언자들에게 '**하나님**께서 당신에게 어떻게 대
답하셨소? 그분이 당신에게 뭐라고 말씀하셨소?' 하고 물
을 수 있다. 그러나 너희는 답을 아는 척 가장하지 말고, 그
렇게 말하지도 마라. 다시 말한다. '하나님께서 내게 이렇게
말씀하셨다. 이렇게도 말씀하셨다' 하는 식으로 말하는 것
을 멈추어라.
39-40 귀담아듣고 있느냐? 그렇게 하지 않으면, 내가 너희를
들어 올려 바닥에 내팽개칠 생각이다. 내가 너희와 너희 조
상에게 준 이 도성 전체가 함께 널브러질 것이다. 내가 너희
를 대적할 것이다. 그냥 넘어가지 않을 것이다. 너희는 수치
를 당하여 역사의 무대에서 사라질 것이다."

무화과 두 바구니

24

1-2 **하나님**께서 내게 **하나님**의 성전 앞에 놓인
무화과 두 바구니를 보여주셨다. 바빌론의 느부
갓네살 왕이 예루살렘에 있던 유다 왕 여호야김의 아들 여
호야긴과 유다의 지도자와 장인과 숙련공을 바빌론으로 끌
고 간 뒤에 있었던 일이다. 한 바구니 안에는 먹음직스럽게
잘 익은 최상품 무화과가 들어 있었고, 다른 바구니에는 도
저히 먹을 수 없을 정도로 썩어 버린 무화과가 들어 있었다.
3 **하나님**께서 내게 말씀하셨다. "예레미야야, 무엇이 보이
느냐?"
"무화과입니다." 내가 말했다. "최상품 무화과와, 먹을 수
없을 정도로 썩어 버린 무화과입니다."
4-6 그러자 **하나님**께서 내게 말씀하셨다. "이스라엘의 **하나
님의 메시지**다. 내가 멀리 바빌론 사람들의 땅으로 보낸 포
로들은 최상품 무화과와 같다. 나는 그들이 거기서 좋은 대
우를 받게 할 것이다. 그들을 잘 보살펴 다시 이 땅으로 데
려올 것이다. 나는 그들을 세우고, 허물지 않을 것이다. 내
가 그들을 심고, 뽑지 않을 것이다.
7 내가 그들에게 나 **하나님**을 아는 마음을 주어, 그들은 내
백성이 되고 나는 그들의 하나님이 될 것이다. 그들은 전심
으로 내게 돌아올 것이다.
8-10 그러나 유다 왕 시드기야는 너무 썩어 먹을 수 없는 무
화과와 같다. 나는 그와 그의 신하들을 썩은 무화과처럼 취

급할 것이다. 이곳에 남은 생존자들과 이집트로 내려간 자들도 마찬가지다. 나는 온 세상이 그들을 역겨워하게 만들 것이다. 그들은 혐오감을 주는 유랑자들이 될 것이며, 내가 쫓아 보낸 곳마다 사람들이 그들의 이름을 욕으로 사용할 것이다. 나는 그들이 전쟁과 기아와 염병으로 떼죽음을 당하게 하고, 내가 그들과 그들 조상에게 주었던 땅에서 완전히 사라지게 만들 것이다."

바빌론 왕의 지배를 받으리라

25 [1] 유다 백성에 대해 예레미야에게 임한 **메시지**
다. 때는 유다 왕 요시야의 아들 여호야김 사년,
곧 바빌론 느부갓네살 왕 원년이었다.
[2] 예언자가 유다의 모든 백성과 예루살렘 모든 주민에게
이 **메시지**를 전했다.
[3] "유다 왕 아몬의 아들 요시야 십삼년부터 오늘에 이르기까
지—이십삼 년 동안!—내게 **하나님**의 말씀이 임했고, 나는
이른 아침부터 밤늦게까지 매일 그것을 너희에게 전했다.
그런데 너희는 그 말을 한 마디도 귀 기울여 듣지 않았다!
[4-6] **하나님**께서는 나뿐 아니라 끈질긴 예언자들을 쉼 없이 보
내셨지만, 너희는 전혀 귀 기울이지 않았다. 예언자들은 너
희에게 말했다. '돌아서라. 지금 당장, 한 사람도 빠짐없이!
너희 길과 악한 행실에서 돌아서라. 하나님이 너희와 너희
조상에게 준 땅, 너희에게 영원히 주려고 한 그 땅에서 살고

싫으면 돌아서라. 유행하는 신들을 좇지 말고, 우상들을 추
종하여 숭배하지 마라. 신을 만들어 파는 사업을 벌여 나를
격노케 하지 마라. 위험하기 그지없는 불장난을 그쳐라!
7 그런데도 너희는 전혀 귀 기울여 듣지 않았고, 그래서 나
는 진노했다. 너희가 벌여 온 신 장사가 마침내 너희에게 화
를 불러왔다.'
8-11 이제 만군의 **하나님**의 선고를 들어라. '너희가 내 말에
귀 기울이기를 계속 거절했으니, 이제 내가 나서겠다. 나는
내 종 바빌론 왕 느부갓네살을 시켜 북방에서 군대를 일으
키게 하고 그들을 이곳으로 데려와서, 이 땅과 그 백성과 주
변 나라들을 모조리 치게 할 것이다. 내가 전부 진멸해 버릴
것이다. 역사상 가장 참혹한 일이 벌어질 것이다. 기쁨의 소
리란 소리는 모조리 걷어낼 것이다. 노랫소리, 웃음소리, 결
혼 축하연소리, 일꾼들의 흥겨운 소리, 등불을 켜고 저녁식
사를 즐기는 소리가 모두 사라질 것이다. 땅 전체가 거대한
황무지가 될 것이다. 그 나라들은 칠십 년 동안 바빌론 왕의
지배를 받을 것이다.
12-14 칠십 년이 다 차면, 나는 바빌론 왕과 바빌론 나라의 죄
를 물어 벌할 것이다. 이번에는 그들이 황무지가 될 것이다.
나는 그 나라에 행하겠다고 말한 모든 일을 이룰 것이다. 이
책에 기록된 모든 일, 예레미야가 그 사악한 민족들을 대적
해 말했던 모든 일을 내가 낱낱이 이행할 것이다. 많은 민족
과 대왕들이 바빌론 사람을 종으로 삼을 것이며, 그들이 다

른 사람들에게 했던 그대로 되갚아 줄 것이다. 그들은 결코 무사하지 못할 것이다.' **하나님**의 포고다."

모든 민족에게 내리는 진노의 잔

15-16 이스라엘의 **하나님**께서 내게 주신 **메시지**다. "내가 너
에게 건네는 이 진노의 포도주 잔을 받아라. 내가 너를 모든
민족에게 보낼 때에, 그들이 이 잔을 마시게 하여라. 그들이
마시고 취할 것이다. 내가 그들 가운데 풀어 놓을 대학살 때
문에 정신을 잃고 헛소리를 지껄이며 비틀거릴 것이다."
17-26 나는 **하나님**의 손에서 그 잔을 받아, 그분께서 나를 보
내신 모든 민족에게 마시게 했다.

예루살렘과 유다의 마을과 그들의 왕과 고관들이 마시자, 모두 거대한 황무지로 변해 버렸다. 실로 끔찍하고 저주스런 광경이었다. 이것이 지금 그들의 모습이다.

이집트의 바로 왕과 그의 신하와 고관과 백성들, 그리고 그들과 섞여 사는 모든 외국인,

우스의 모든 왕,

아스글론과 가사와 에그론 출신 블레셋 사람의 모든 왕과 아스돗에 남아 있는 주민들,

에돔과 모압과 암몬 백성,

두로와 시돈과 바다 건너 해안 지방의 모든 왕,

드단과 데마와 부스와 사막 언저리의 유목민들,

아라비아의 모든 왕과 사막에서 옮겨 다니는 여러 베두인

족장과 추장들,
시므리와 엘람과 메대 사람의 모든 왕,
북쪽 나라의 모든 왕,
지구 위의 모든 왕국,
마지막으로 세삭(곧 바빌론)의 왕이 그 잔을 마시게 될 것이다.

27 "그들에게 전하여라. '만군의 **하나님**, 이스라엘의 하나님
께서 내리시는 명령이다. 너희는 마시고 취하고 토하여라.
앞으로 자빠져 일어나지 마라. 너희에게 대학살이 예정되어
있다.'
28 그들 중 누구라도 네게서 잔을 받아 마시기를 거절하는
자가 있으면, 이렇게 전하여라. '만군의 **하나님**께서 네게
마시라고 명령하셨다. 그러니 마셔라!
29 최악의 시간이 닥쳐올 것이다! 내가 나의 것으로 삼았던
이 도성에 대재앙을 내리기 시작했다. 빠져나갈 생각은 아
예 마라. 너희는 결코 빠져나가지 못할 것이다. 이것은 칼이
다. 온 세계의 모든 사람을 내리치는 칼이다!'" 만군의 **하나
님**의 포고다.

30-31 "예레미야야, 이 모든 말을 전하여라. 이 **메시지** 전부를
그들에게 전하여라.

'**하나님**께서 높은 하늘에서 사자처럼 포효하시니,

그분의 거룩한 거처에서 우르릉 천둥소리가 울려 나온다.
당신의 백성을 향해 귀청을 찢을 듯 고함을 치신다.
가을걷이 일꾼들의 환성소리 같은 고함이다.
그 거대한 소리가 온 땅에 울려 퍼진다.
모든 곳, 모든 자들에게 들린다.
하나님께서 사악한 민족들을 고발하신다.
그분이 온 인류를 심판하실 것이다.
악인들이 받게 될 선고는 명백하다.
모두 칼에 맞아 죽을 것이다.'" **하나님**의 포고다.

32 만군의 **하나님**의 메시지다.
"최악의 시간이 닥쳐온다! 대재앙의 날이다!
재앙이 이 민족에서 저 민족으로 퍼져 나가리라.
온 땅을 휩쓸어 버릴
거대한 폭풍이 일어나리라."

33 그날에, **하나님**의 심판을 받아 쓰러진 자들의 시체가 땅
의 이쪽 끝에서 저쪽 끝까지 널브러질 것이다. 그들을 위해
우는 자 없고, 땅에 묻어 줄 자도 없으리라. 거름 똥처럼 땅
에 그대로 방치될 것이다.

34-38 목자들아, 슬피 울어라! 도와 달라고 부르짖어라!
양 떼의 주인들아, 땅바닥에 엎드려라!
시간이 다 되었다. 도살장에 끌려가는
숫양 같은 너희가, 이제 그 차례다.
지도자들은 빠져나가지 못한다.
목자들도 도망가지 못한다.
들리느냐? 살려 달라고 지도자들이 울부짖는 소리,
양 떼의 목자들이 통곡하는 소리!
아름다웠던 그들의 목장을 **하나님**께서 황무지로 바꾸어 놓으실 것이다.
평화로웠던 양 우리에는,
하나님의 진노로 죽음 같은 정적만 흐르게 될 것이다.
느닷없이 달려드는 사자처럼,
하나님께서 불시에 나타나시리라.
그분의 진노로 온 나라가 갈기갈기 찢기고,
땅은 폐허가 될 것이다.

예레미야의 성전 설교

26

1 유다 왕 요시야의 아들 여호야김이 나라를 다스리기 시작할 무렵, **하나님**의 **메시지**가 예레미야에게 임했다.

2-3 "**하나님**의 **메시지**다. 너는 **하나님**의 성전 뜰에 서서, 유
다 전역에서 **하나님**을 예배하러 오는 백성에게 전하여라.
내가 이르는 말을 남김없이 전하여라. 한 마디도 빼지 마라.
행여 그들이 듣고 악한 삶에서 돌이킬지 어찌 알겠느냐. 그
러면 나는 그들의 악행을 벌하기 위해 계획한 재앙을 다시
생각해 볼 것이다.
4-6 그들에게 전하여라. '**하나님**의 **메시지**다. 너희가 내게 귀
기울이기를 거부하고, 내가 분명하게 계시한 가르침을 따라
살기를 거부하고, 내가 끊임없이 보내는 나의 종과 예언자
들의 말에 귀 기울이기를 계속 거부하면—한 번도 귀 기울
인 적 없는 너희는 앞으로도 그럴 것이다!—나는 이 성전을
실로처럼 폐허로 만들 것이다. 이 도성을 온 세상의 조롱과
저주가 되게 할 것이다.'"
7-9 예레미야가 **하나님**의 성전에서 이 **메시지**를 전하자, 그
곳에 있던 모든 제사장과 예언자와 백성들이 들었다. 예레
미야가 하나님이 이르신 모든 말씀을 남김없이 전하고 설
교를 마치자, 제사장과 예언자와 백성들이 그를 붙잡고 소
리쳤다. "너는 사형감이다! 감히 **하나님**의 이름을 들먹이며
이 성전이 실로처럼 폐허가 될 거라고 말하느냐? 이 도성
사람들이 다 전멸한다고?"
성전 안에 있던 백성 모두가 폭도처럼 예레미야에게 달려들
었다.

10 유다 왕궁의 고관들이 이 일을 전해 들었다. 그들은 즉시
왕궁을 떠나 **하나님**의 성전에 와서 진상을 조사했다. 그리
고 **하나님**의 성전 '새 대문' 어귀에서 현장 공판을 열었다.
11 먼저 예언자와 제사장들이 입을 열어 고관과 백성들을 향
해 말했다. "이 자를 사형에 처하십시오! 그는 죽어 마땅합
니다! 여러분이 들은 것처럼, 그는 이 도성을 저주하는 설교
를 했습니다."
12-13 이번에는 예레미야가 군중이 보는 앞에서 고관들을
향해 말했다. "**하나님**이 나를 보내셔서, 여러분이 전해 들
은 그 말씀 모두를 이 성전과 도성을 향해 전하라고 하셨
습니다. 그러니 이제 응답하십시오! 여러분의 삶을 바꾸
고, 행위를 바꾸십시오. **하나님**의 **메시지**에 귀 기울이고
순종하십시오. 그렇게 되면, **하나님**께서 내리겠다고 하신
재앙을 다시 생각하겠다고 말씀하십니다.
14-15 내 몸은 여러분의 손에 달려 있습니다. 여러분 마음대
로 하십시오. 그러나 이것만은 분명히 알아 두십시오. 만일
여러분이 나를 죽인다면 그것은 죄 없는 자를 죽이는 일이
고, 여러분과 이 도성과 이곳 백성 모두가 그 일에 대해 책
임을 져야 할 것입니다. 나는 단 한 마디도 내 생각을 말하
지 않았습니다. **하나님**께서 나를 보내셨고, 내게 해야 할 말
을 일러 주셨습니다. 여러분은 예레미야가 아니라 **하나님**께

서 하시는 말씀을 들은 것입니다."
16 그러자 고관들이 백성 앞에서 제사장과 예언자들에게 판
결을 내렸다. "석방하시오. 이 사람에게는 사형당할 만한 죄
가 없소. 그는 우리 **하나님**의 권위에 기대어 말한 것이오."

17-18 그러자 존경받는 지도자들 가운데 몇몇이 일어나 군중
을 향해 말했다. "유다 왕 히스기야가 다스릴 때에, 모레셋
사람 미가가 유다 백성을 향해 이런 설교를 한 적이 있습니
다. '너희를 향한 만군의 **하나님**의 **메시지다**.

바로 너희 같은 자들 때문에
시온은 다시 밭으로 돌아가고,
예루살렘은 결국 돌무더기가 될 것이다.
산 위에는 성전 대신,
몇 그루 잡목만 서 있게 될 것이다.'

19 이런 설교를 했다고 히스기야 왕이나 유다 백성이 그 모
레셋 사람 미가를 죽였습니까? 아닙니다. 오히려 히스기야
는 그를 높이면서 **하나님**께 자비를 베풀어 달라고 기도하지
않았습니까? 그러자 **하나님**께서는 내리시겠다고 하신 재앙
을 취소해 주시지 않았습니까?
그러니 여러분, 자칫하면 우리가 끔찍한 재앙을 불러들일
수 있습니다."

20-23 (전에 **하나님**의 이름으로 유사한 설교를 했던 사람으로, 기
럇여아림 사람 스마야의 아들 우리야가 있었다. 그도 예레미야처
럼 이 도성과 나라를 대적하는 설교를 했다. 그의 설교를 들은 여
호야김 왕과 그의 고관들은 그를 죽이기로 작정했다. 목숨이 위
태로워지자, 우리야는 이집트로 도망가 숨었다. 여호야김 왕이
악볼의 아들 엘라단에게 수색대를 딸려 보내 그를 추적하게 했
다. 그들이 이집트에서 우리야를 찾아내어 왕 앞으로 데려왔다.
왕은 그를 죽이라고 명령했다. 그들은 그의 시신을 쓰레기 버리
듯 도성 바깥에 던져 버렸다.
24 그러나 예레미야는 사반의 아들 아히감이 나서서 그의 편을 들
어주었기에, 군중의 손에 죽는 것을 면할 수 있었다.)

거짓 예언자들과 싸우는 예레미야

27

1-4 유다 왕 요시야의 아들 시드기야 재위 초기
에, **하나님**께서 예레미야에게 **메시지**를 주셨다.
"너는 마구와 멍에를 만들어 목에 메어라. 에돔과 모압과 암
몬과 두로와 시돈의 왕들에게 전갈을 보내라. 유다 왕 시드
기야를 만나러 예루살렘에 온 그들의 사신들을 통해 보내
라. 그들에게, 가서 이 명령을 주인에게 전하라고 일러라.
'만군의 **하나님**, 이스라엘의 하나님의 **메시지**다. 너희 주인
에게 이렇게 전하여라.

5-8 나는 땅과 사람과 세상 모든 짐승을 만든 이다. 나는 누
구의 도움 없이 혼자서 그 일을 했으며, 내가 만든 것을 누
구든지 내가 원하는 자에게 주어 맡긴다. 현재 나는 그 땅
전체를 나의 종 바빌론 왕 느부갓네살에게 맡겼다. 나는 들
짐승들도 그에게 복종하게 했다. 민족들 모두가 그를 섬기
고, 이후에는 그의 아들과 그의 손자를 섬기게 될 것이다.
그러고 나면 그의 때가 다하여 세상이 뒤집힐 것이다. 그때
바빌론은 패자가 되어 종으로 전락할 것이다. 그러나 그 전
까지는, 모든 나라와 왕국이 바빌론 왕 느부갓네살에게 굴
복하고 바빌론 왕의 멍에를 받아들여 그것을 메어야 한다.
그렇게 하지 않는 민족은 내가 전쟁과 기근과 염병으로 벌
을 주어, 결국 내가 원하는 곳으로 끌고 갈 것이다.
9-11 그러니 장래 일을 안다고 주장하며 너희더러 바빌론 왕
에게 항복하지 말라고 말하는 자들, 곧 너희 예언자와 영매
와 점쟁이들의 말에 절대 귀 기울이지 마라. 그들은 뻔뻔한
거짓말을 늘어놓을 뿐이며, 너희가 그 말을 듣다가는 고향
땅을 떠나 멀리 포로로 잡혀가게 될 것이다. 내가 직접 너희
를 너희 땅에서 쫓아 보낼 것이다. 그것이 너희의 최후가 될
것이다. 그러나 바빌론 왕의 멍에를 받아들이고 그가 시키
는 대로 따르는 민족은, 계속해서 자기 땅에서 생업을 돌보
며 살 수 있게 할 것이다.'"
12-15 나는 유다 왕 시드기야에게도 같은 메시지를 전했다.
"바빌론 왕의 멍에를 메십시오. 그와 그의 백성을 섬기십시

오. 부디 목숨을 부지하십시오! 굳이 칼에 맞아 죽고, 굶어 죽고, 병들어 죽는 길을 택할 까닭이 무엇입니까? **하나님**께서는 바빌론 쪽에 붙지 않는 모든 민족이 그렇게 될 것이라고 경고하십니다. 바빌론 왕에게 복종하지 말라고 전하는 예언자들의 말을 듣지 마십시오. 그것은 거짓말입니다. 거짓 설교입니다. 이에 대한 **하나님**의 말씀은 이렇습니다. '나는 그 예언자들을 보낸 적이 없는데도, 그들은 내가 자기들을 보냈다고 주장하며 거짓 설교를 일삼는다. 너희가 그들의 말을 듣고 따른다면, 나는 너희를 이 땅에서 쫓아낼 것이다. 그것이 너희와 거짓말하는 예언자들의 최후가 될 것이다.'"

16-22 마지막으로 나는 제사장과 백성 전체를 향해 말했다. "**하나님**의 **메시지**입니다. 여러분에게 계속 '우리를 믿어라. 탈취당한 **하나님**의 성전 기구들이 이제 곧 바빌론에서 되돌아올 것이다' 하고 말하는 예언자들의 설교에 귀 기울이지 마십시오. 거짓말입니다. 그들의 말을 듣지 마십시오. 바빌론 왕에게 무릎을 꿇고 목숨을 부지하십시오. 이 도성의 멸망과 폐허를 불러올 일을 왜 한단 말입니까? 그들이 진짜 예언자들이고 **하나님**의 **메시지**를 받는 자들이라면, 마땅히 만군의 **하나님** 앞에 나아가, 아직 **하나님**의 성전과 왕궁과 예루살렘에 남아 있는 기구들이 바빌론에 빼앗기지 않게 해 달라고 기도해야 할 것입니다. 만군의 **하나님**께서 아직 남아 있는 성전 기구들—바빌론의 느부갓네살 왕이 여호야김의 아들 여호야긴과 유다와 예루살렘의 모든 지도자들을 포

로로 잡아 바빌론으로 끌고 갈 때 가져가지 않고 남겨 놓은
기둥과 대형 청동대야, 받침대, 기타 여러 그릇과 잔들—에
대해 이미 말씀하신 바가 있지 않습니까? 그분은 **하나님**의
성전과 왕궁과 예루살렘에 남아 있는 기구들마저 결국 모두
바빌론으로 옮겨질 것이며, **하나님**께서 '이제 내가 그것들
을 다시 제자리에 돌려놓을 것이다' 하실 때까지 거기 있게
되리라고 말씀하셨습니다."

거짓 예언자 하나냐

28

1-2 그 후 같은 해에(시드기야 왕 사년 다섯째 달이
었다), 기브온 출신 예언자이자 앗술의 아들인
하나냐가 **하나님**의 성전에 모인 제사장들과 모든 백성 앞에
서 예레미야와 맞섰다. 하나냐가 말했다.
2-4 "만군의 **하나님**, 이스라엘의 하나님께서 직접 주시는 **메
시지**다. '내가 분명코 바빌론 왕의 멍에를 부서뜨릴 것이다.
두 해가 지나기 전에 내가 **하나님**의 성전 기구 전부와 바빌
론 느부갓네살 왕이 약탈해 간 것들 전부를 이곳에 다시 돌
려놓을 것이다. 또한 유다 왕 여호야김의 아들 여호야긴과
함께 바빌론으로 잡혀간 포로 전부를 다시 데려올 것이다.'
하나님의 포고다. '그렇다. 내가 바빌론 왕의 멍에를 부서뜨
릴 것이다. 너희는 더 이상 그에게 매이지 않을 것이다.'"
5-9 그러자 예언자 예레미야가 그날 **하나님**의 성전에 있던
제사장들과 모든 백성 앞에서 예언자 하나냐를 향해 일어났

다. 예언자 예레미야가 말했다. "놀랍소! 그것이 사실이었으면 정말 좋겠소. 하나님께서 성전 기구들과 포로로 잡혀간 이들을 다 바빌론에서 데려오셔서 당신의 설교를 입증해주셨으면 정말 좋겠소. 하지만 내 말을 들으시오. 내가 당신과 여기 있는 모든 백성에게 하는 말을 잘 들으시오. 옛 예언자들, 우리 이전 시대의 예언자들은 많은 나라와 왕국을 향해 심판의 메시지를 전했소. 전쟁과 재앙과 기근이 닥칠 것이라 경고했소. 그러나 모든 일이 잘 될 것이니 걱정할 필요가 전혀 없다고 설교하는 예언자는 드물었소. 그것은 몹시 이례적인 경우요. 그러니 우리는 두고 볼 것이오. 당신이 말한 대로 일이 진행된다면, 우리는 당신을 **하나님**께서 보내신 예언자로 알 것이오."

10-11 그러자 하나냐가 예레미야의 어깨에서 멍에를 잡아채
부숴 버렸다. 그러고는 백성들을 향해 말했다. "**하나님**의 **메시지**요. '내가 바로 이렇게 바빌론 왕의 멍에를 부서뜨릴 것이며, 이 년 내에 모든 민족의 목에서 그의 멍에를 풀어 줄 것이다.'"

예레미야가 그 자리를 떠났다.

12-14 하나냐가 예레미야의 멍에를 풀어 부서뜨리고 나서
얼마 후에, **하나님**께서 예레미야에게 **메시지**를 주셨다. "하나냐에게 다시 가서 전하여라. '**하나님**의 **메시지**다. 네가 나무 멍에를 부서뜨렸다만, 이제 네게는 쇠 멍에가 씌워졌다. 이스라엘의 하나님인 만군의 **하나님**의 **메시지**다.

내가 이 민족 모두에게 쇠 멍에를 씌웠다. 그들 모두 바빌
론 느부갓네살 왕에게 매여서, 그가 시키는 대로 하게 될
것이다. 나는 들짐승도 다 그에게 복종하게 만들 것이다.'"
15-16 예언자 예레미야가 예언자 하나냐에게 말했다. "이보
시오, 하나냐! **하나님**께서는 당신을 보내신 적이 없소. 그
런데도 당신은 온 나라를 속여 당신의 거짓말에 넘어가게
했소! 그러니 **하나님**께서 당신에게 말씀하시오. '내가 너를
보냈다고 주장하느냐? 좋다. 내가 너를 이 땅에 발붙이지
못하도록 보내 버리겠다! 감히 **하나님**을 거역하도록 선동
했으니, 올해가 가기 전에 네가 죽을 것이다.'"
17 예언자 하나냐는 그해 일곱째 달에 죽었다.

포로에게 보낸 편지

29 1-2 이것은 예루살렘에 있던 예언자 예레미야가
포로로 잡혀간 사람들 중에 살아남은 장로와 제
사장과 예언자들, 또 여호야긴 왕과 그의 모후와 관료와 모
든 기술자와 장인들을 비롯해, 느부갓네살이 포로로 잡아
바빌론으로 끌고 간 모든 사람들에게 써 보낸 편지다.
3 이 편지는 유다 왕 시드기야가 바빌론 왕 느부갓네살에
게 보낸 사반의 아들 엘라사와 힐기야의 아들 그마랴 편에
전달했는데, 편지의 내용은 이러하다.

4 만군의 **하나님**, 이스라엘의 하나님의 **메시지**다. 내가

예루살렘에서 바빌론으로 잡혀가게 한 모든 포로에게 말
한다.
5 "너희는 거기서 집을 짓고 정착해 살아라.
과수원을 만들고, 그 나라에서 자라는 것들을 먹어라.
6 결혼해서 아이를 낳아라. 너희 자녀들도 결혼시키고 아
이를 낳게 하여 그 나라에서 번성하여라. 수가 줄지 않게
하여라.
7 그곳을 고향 삼아 지내고 그 나라를 위해 일하여라.
그리고 바빌론의 번창을 위해 기도하여라. 바빌론이 잘되
는 것이 너희에게도 좋은 일로 여겨라."
8-9 그렇다. 믿기지 않겠지만, 이것이 만군의 **하나님**, 이
스라엘의 하나님의 **메시지**다. "너희 주변에 널리고 널린,
이른바 설교자와 박사들의 거짓말에 속아 넘어가지 마
라. 듣기 좋으라고 하는 그들의 이야기에 관심을 보이지
마라. 모두 꾸며 낸 이야기에 불과하다. 그들은 거짓 설교
를 일삼는 사기꾼 집단이다. 내가 자기들을 보냈다고 우
긴다만, 나는 그들을 보낸 적이 없다. 전혀 근거 없는 소
리다." **하나님**의 포고다!
10-11 이에 대한 **하나님**의 말씀이다. "하루도 모자라지 않
게 바빌론에서 칠십 년이 다 채워지면, 내가 너희 앞에 나
타나서 약속한 대로 너희를 돌보고 너희를 고향으로 데려
갈 것이다. 나는 내가 할 일을 안다. 그 일을 계획한 이가
바로 나다. 나는 너희를 돌보기 위해 계획을 세웠다. 너희

를 포기하려는 계획이 아니라, 너희가 꿈꾸는 내일을 주
려는 계획이다.
12 너희가 나를 부르고, 내게 와서 기도하면, 내가 들어줄
것이다.
13-14 너희가 나를 찾아오면, 내가 만나 줄 것이다.
그렇다. 너희가 진지하게 나를 찾고 무엇보다 간절히 나
를 원하면, 나는 결코 너희를 실망시키지 않을 것이다."
하나님의 포고다.
"내가 너희를 위해 상황을 뒤집을 것이다. 내가 너희를
쫓아 보낸 모든 나라에서 다시 너희를 이끌어 낼 것이
다." **하나님**의 포고다. "포로로 끌려가게 했던 곳에서 다
시 너희를 찾아 데려올 것이다. 반드시 그렇게 할 것이다.
15-19 그러나 지금 너희는 자칭 '바빌론 전문가'라는 신식
예언자들에게 붙어, 그들을 '**하나님**이 우리를 위해 보내
신 예언자들'이라고 부르며 따르고 있다. **하나님**은 그 일
부터 바로잡을 것이다. 지금 다윗 보좌에 앉아 있는 왕
과, 너희와 함께 포로로 잡혀 오지 않고 예루살렘에 남은
백성 앞에 고난이 기다리고 있다. 만군의 **하나님**이 말한
다. 잘 보아라! 재앙이 오고 있다. 전쟁과 기근과 질병이
다! 그들은 썩은 사과들이다. 전쟁과 기근과 질병을 통해
내가 그들을 그 나라에서 모조리 치워 버릴 것이다. 온 세
상이 그 악취에 코를 막고, 끔찍한 광경에 눈을 돌릴 것이
다. 그들은 빈민굴에 갇혀 사는 신세가 될 것이다. 그들은

내가 보낸 나의 종들이 쉼 없이 다급하게 전한 말들, 곧 예언자들을 통해 내가 한 말들에 조금도 귀 기울이지 않았다." **하나님**의 포고다.

20-23 "내가 예루살렘에서 바빌론으로 보낸 너희 포로들
아, 너희에게 주는 **하나님**의 **메시지**에 귀 기울여라. 골라야의 아들 아합과 마아세야의 아들 시드기야에 대한 말이다. 내 이름으로 거짓 설교를 하는 그 '바빌론 전문가들'을, 내가 바빌론 왕 느부갓네살에게 넘겨줄 것이다. 그리고 바빌론 왕은 그들을 너희가 보는 앞에서 죽일 것이다. 유다에서 잡혀 온 포로들은 이후 남을 저주할 때 그 처형식에서 본 광경을 들어 말하리라. '바빌론 왕이 시드기야와 아합을 불사른 것처럼 **하나님**께서 너를 불에 바싹 태워 죽이시기를!' 섹스에 미친 짐승이자 예언자를 사칭한 그 자들은 마땅히 받아야 할 벌을 받을 것이다. 그들은 손에 닿는 모든 여자들을—심지어 이웃의 아내들도—침실로 끌어들였고, 나의 **메시지**라며 거짓을 설교했다. 나는 그들을 보낸 적이 없다. 그들은 나와 무관하다." **하나님**의 포고다.

"그들은 결코 무사하지 못할 것이다. 내가 그 모든 악행을 목격했다."

24-26 느헬람 사람 스마야에 대한 하나님의 **메시지**다. "만군
의 **하나님**, 이스라엘의 하나님이 말한다. 너는 예루살렘의

백성과 마아세야의 아들 제사장 스바냐와 그 동료 제사장들
에게 네 멋대로 편지를 써서 보냈다. 그 편지에서 너는 스바
냐에게 이렇게 말했다. '**하나님**께서는 당신을 제사장 여호
야다를 대신할 제사장으로 세우셨소. 그리고 **하나님**의 성전
일과 예언자 행세를 하는 미치광이들을 잡아 가두는 일을
맡기셨소.
27-28 그런데 어째서 예언자를 자처하며 돌아다니는 저 아나
돗 사람 예레미야를 가두어 그의 입에 재갈을 물리지 않는 거
요? 그는 바빌론에 있는 우리에게, 이 포로생활은 아주 오래
갈 것이니 이곳에 집을 짓고 고향 삼아 살며, 과수원을 만들
고 바빌론의 요리를 배우라고 편지를 써 보내기까지 했소.'"

29 제사장 스바냐가 이 편지를 예언자 예레미야에게 읽어 주
었다.

30-32 그때 **하나님**께서 예레미야에게 말씀하셨다. "이 **메시
지**를 바빌론 포로들에게 전하여라. **하나님**이 느헬람 사람
스마야에 대해 한 말을 그들에게 전하여라. 스마야는 거짓
을 설교하고 있다. 나는 그를 보낸 일이 없다. 그는 거짓말
로 너희를 속이고 있다. 그래서 나 **하나님**이 선고를 내린다.
나는 느헬람 사람 스마야와 그의 가족을 벌할 것이다. 그는
재산 전부와 가족 모두를 잃게 될 것이다. 그의 가문 중에는

살아남아서 내가 장차 내 백성에게 가져올 좋은 날을 볼 자
가 없을 것이다. 이는 그가 나를 거슬러 반역을 꾀했기 때문
이다." **하나님**의 포고다.

이스라엘아, 절망하지 마라

30 1-2 **하나님**께서 예레미야에게 주신 **메시지**다.
"이스라엘의 **하나님**의 **메시지**다. '내가 네게 이
르는 말 전부를 책에 적어라.
3 보아라. 내가 내 백성, 이스라엘과 유다를 위해 모든 상황
을 뒤집을 날이 다가오고 있다. 나 **하나님**이 말한다. 나는
그들의 조상에게 주었던 땅으로 그들을 다시 데려올 것이
다. 그들이 다시 그 땅을 차지하게 될 것이다.'"
4 **하나님**께서 이스라엘과 유다에게 하신 말씀은 이러하다.

5-7 "**하나님**의 **메시지**다.

'비명소리가 들린다.
평화가 산산조각이 났다.
주위에 물어보아라! 주변을 둘러보아라!
아니, 남자도 해산하느냐?
아니라면, 남자들이 왜 저렇게
해산하는 여인처럼 잔뜩 찌푸리고
백지장처럼 창백한 얼굴로

자기 배를 움켜잡고 있단 말이냐?
전무후무한
흑암의 날이다!
야곱에게 닥친 환난의 때다.
그러나 야곱은 살아남을 것이다.

8-9 내가 그 흑암 속으로 찾아갈 것이다.
그들의 목에서 멍에를 벗겨 부수고,
그들을 마구에서 풀어 주리라.
그들은 더 이상 이방인들의 종으로 부역하지 않을 것이다!
그들은 자기들의 **하나님**을 섬기고,
내가 그들을 위해 세울 다윗 왕을 섬기게 되리라.

10-11 그러니 야곱아, 사랑하는 종아, 두려워하지 마라.
이스라엘아, 절망하지 마라.
고개를 들어 위를 보아라! 내가 너를 먼 타향살이에서 구원
하고, 포로로 잡혀갔던 네 자녀들을 되찾아 줄 것이다.
야곱이 돌아와,
안전하고 평안하며 복된 삶을 누리리라.
내가 너와 함께하고, 너를 구원해 줄 것이다.
내가 너를 쫓아내어 여러 민족들로 흩어 버렸지만,
그 이방 민족들을 모조리 끝장낼 것이다.
그러나 너는 끝장내지 않을 것이다.

너를 벌하기는 하겠지만, 공정한 벌로 다스릴 것이다.
그저 손바닥 때리는 정도로 넘어가지는 않을 것이다.'

12-15 하나님의 메시지다.

'너는 만신창이,
죽은 목숨이다.
다들 너를 내팽개쳤다.
너는 가망이 없다.
네가 잘나갈 때 어울리던 친구들은
뒤도 돌아보지도 않고 너를 등지고 떠났다.
너를 이렇게 때려눕힌 이는 바로 나다.
이처럼 네게 결코 잊지 못할 벌을 내린 것은,
너의 죄가 극악하고
네가 지은 죄의 목록이 끝도 없기 때문이다.
그러니, 상처를 핥으며 자기연민에 빠져 있을 필요 없다.
너는 받아 마땅한 벌을 받은 것이다. 실은 더 많이 받아야 마땅하다.
너의 죄가 극악하고
네가 지은 죄의 목록이 끝도 없어,
내가 네게 이런 벌을 내렸다.

16-17 너를 해치는 자는 누구든지 해를 당하리라.

너의 적들은 종이 될 것이다.
너를 약탈한 자들이 약탈을 당하고,
너를 탈취한 자들이 탈취를 당할 것이다.
너에게는, 내가 너를 찾아와 치유해 주리라.
불치의 병을 치유해 줄 것이다.
모두가 가망 없다고,
아무짝에도 쓸모없는 시온이라며
내팽개쳤던 너를 고쳐 주리라.'

18-21 다시, **하나님의 메시지다.**

'내가 야곱을 위해 사태를 역전시켜 줄 것이다.
그를 가엾게 여겨 장막을 재건해 줄 것이다.
마을이 다시 옛 토대 위에 재건될 것이다.
다시 웅장한 저택이 세워질 것이다.
집집마다 감사가 창문 밖으로 흘러넘치고,
웃음이 문 밖으로 흘러나오리라.
갈수록 형편이 나아질 것이다.
암울했던 시절은 이제 지나갔다.
그들은 번성하고 번창할 것이다.
멸시받던 시절은 이제 지나갔다.
그들은 다시 아이를 낳고 싶어 하며,
내가 자랑스럽게 여길 공동체를 이룰 것이다.

그들을 해치는 자는 내가 누구든지 벌할 것이다.
그들 안에서 다스릴 자가 나올 것이다.
그들 중에 지도자가 나오고,
그들을 통치할 자가 나올 것이다.
나는 그가 언제라도 내 앞에 나올 수 있게 허락할 것이다.
누가 감히 목숨을 걸고, 초대도 없이
내 앞에 나올 수 있겠느냐?' **하나님**의 포고다.

22 '그렇다. 너희는 나의 백성이 되고,
나는 너희의 하나님이 될 것이다.'"

23-24 보아라! **하나님**의 폭풍이 터져 나온다.
그분의 폭풍 같은 진노가
회오리바람이 되어, 사악한 자들의 머리를 날려 버린다!
다 쓸어버리고,
시작하신 일을 모두 끝낸 다음에야,
하나님의 맹렬한 진노가 누그러진다.
그 일이 끝나면,
너희는 그 일이 완수되었음을 보게 될 것이다.

31 1 **하나님**의 포고다. "그 일이 이루어지면,
정오의 태양만큼이나 분명해지리라.

나는 이스라엘 모든 남녀와 아이들의 하나님이 되고,
그들은 나의 친 백성이 될 것이다."

2-6 **하나님**께서 이렇게 말씀하신다.

"그들, 살육에서 살아남은 백성이
사막에서 은혜를 찾아냈다.
쉴 곳을 찾아다니다 마침내 이스라엘이,
그들을 찾아오신 하나님을 만났다!"
하나님이 그들에게 말씀하셨다. "나는 너를 사랑하지 않은 적이 없고,
앞으로도 그럴 것이다.
사랑을 기대하여라. 더 많이 기대하여라!
사랑하는 처녀 이스라엘아,
내가 너와 다시 시작할 것이다. 너를 다시 일으켜 주리라.
다시 탬버린을 들고 춤추며,
너는 노래하게 될 것이다.
예전처럼
사마리아 언덕에 포도원을 만들고,
느긋이 앉아 그 열매를 즐길 것이다.
오, 그 수확이 너에게 기쁨을 선사하리라!
에브라임의 언덕 꼭대기에서 파수꾼들이

이렇게 소리쳐 부를 날이 오고 있다.
'일어나라! 시온으로 가자.
우리 **하나님**을 만나러 가자!'"

7 그렇다. **하나님**께서 그렇게 말씀하신다.

"야곱을 향해 목이 터져라 환호성을 질러라!
그 일등 민족에게 희소식을 전하여라!
환호성을 올려라! 찬송을 불러라. 선포하여라.
'**하나님**께서 당신의 백성을 구원하셨다.
이스라엘의 알맹이를 남겨 주셨다.'

8 이제 장차 일어날 일을 잘 보아라.

내가 내 백성을
북방 나라에서 다시 데려오고,
땅끝에서 모아들일 것이다.
눈먼 자들,
다리 절고 절뚝거리는 자들,
임신한 여인들,
산고가 시작된 임산부까지도 모아,
그 거대한 무리를, 다 데려올 것이다!

9 그들을 보아라! 기쁨의 눈물을 흘리며 올 것이다.
내가 친히 그들의 손을 잡고 길잡이가 되어 주리라.
물이 흐르는 시냇가로,
평탄하게 잘 닦인 길로 인도해 주리라.
그렇다. 나는 이스라엘의 아버지이고
에브라임은 나의 맏아들이기 때문이다!

10-14 뭇 민족들아, 들어라! **하나님**의 **메시지**다!
세계만방에 이를 널리 알려라!
그들에게 전하여라. '이스라엘을 흩어 버리신 분께서
다시 그들을 모으실 것이다.
자기 양 떼를 보살피는 목자같이,
이제부터 그들을 보살펴 주실 것이다.'
나 **하나님**이 야곱의 몸값을 다 치르고,
그를 불한당 바빌론의 손아귀에서 건져 낼 것이다.
백성이 시온의 비탈길을 오르며 기쁨의 환성을 지를 것이며,
하나님이 주는 풍성한 밀과 포도주와 기름과
양 떼와 소 떼로,
그 얼굴이 기쁨으로 빛날 것이다.
그들의 삶은 물 댄 동산 같을 것이며,
다시는 메마르지 않을 것이다.
젊은 여인들이 덩실덩실 춤을 추고,
젊은이와 노인들도 따라 출 것이다.

내가 그들의 눈물을 웃음으로 바꾸고,
그들에게 위로를 쏟아부을 것이다.
슬픔을 기쁨으로 바꾸리라.
내가 제사장들이 하루 세끼 푸짐한 식사를 하게 하고,
내 백성의 형편을 넉넉하게 만들어 줄 것이다." **하나님**의 포고다.

15-17 **하나님**의 메시지다.

"들어 보아라! 라마에서 통곡소리가 들린다.
목 놓아 슬피 우는 소리다.
라헬이 자식을 잃고 우는 소리,
위로받기를 마다하고 우는 소리다.
그녀의 자식들, 다 가 버렸다.
멀리 포로로 잡혀가 버렸다."
그러나 **하나님**께서 말씀하신다. "그칠 줄 모르는 통곡, 이제 그쳐라.
네 눈물을 거두어라.
이제 네 비탄의 삯을 받아라." **하나님**의 포고다.
"네 자식들이 다시 집으로 돌아올 것이다!
그러니, 희망을 가져라." **하나님**의 포고다.

18-19 "내가 에브라임이 참회하는 소리를 들었다.
그렇다. 그가 이렇게 말하는 것을 분명히 들었다.
'주께서 저를 길들이셨습니다.
야생마 같던 저를 꺾으시고 안장을 지우셨습니다.
이제 고분고분해진 저를 사용해 주십시오.
주님은 저의 **하나님**이십니다.
제멋대로 날뛰던 지난 세월을 뉘우칩니다.
주께 길들여진 나,
제멋대로 굴었던 지난 과거를 부끄러워합니다.
부끄러워 가슴을 칩니다.
이 부끄러움을 씻을 수 있겠는지요?'

20 오! 에브라임은 내 사랑하는 아들,
내 기뻐하는 자식이다!
그의 이름을 부르기만 해도,
나는 그가 보고 싶어 가슴이 탄다!
사무치게 그를 외쳐 부른다.
애틋한 심정으로 그를 기다린다." **하나님**의 포고다.

21-22 "집으로 돌아오는 길에 이정표를 세워라.
좋은 지도를 구하고,
도로 상태를 점검하여라.
네가 끌려갔던 길이 돌아오는 길이다.

사랑하는 처녀 이스라엘아, 돌아오너라.
네 고향 마을로 돌아오너라.
그동안 네 마음이 얼마나 변덕스러웠느냐?
요동치는 마음을 다잡기까지 얼마나 오래 걸렸느냐?
하나님께서 이 땅에 새로운 것을 창조하실 것이다.
변화시키시는 **하나님**을 맞아들이는 변화된 여인을!"

23-24 이스라엘의 만군의 **하나님**의 **메시지**다. "내가 만사를
완전히 바꾸어 내 백성을 다시 데려오면, 거리마다 '**하나님**
께서 당신을 축복하시기를!', '오 참된 집이여!', '오 거룩한
산이여!' 같은 옛 시절의 말들이 다시 들릴 것이다. 성읍에
서나 시골에서나, 유다의 모든 백성이 서로 사이좋게 지낼
것이다.

25 내가 너희 지친 몸을 회복시켜 줄 것이다.
너희 지친 영혼에 다시 활력을 불어넣을 것이다."

26 그때에 내가 잠에서 깨어나, 주위를 둘러보았다. 꿀 같은
단잠이었다!

27-28 **하나님**의 포고다. "준비하여라. 농부가 씨를 뿌리듯,

내가 이스라엘과 유다에 사람의 씨와 짐승의 씨를 뿌릴 날
이 오고 있다. 전에는 가차 없이 뽑고 허물어뜨리고 찢고 부
숴뜨렸지만, 이제는 다시 시작하는 그들 곁에서 내가 세워
주고 심어 줄 것이다.
29 그날이 오면 이런 옛말은 사라지리라.

부모가 덜 익은 사과를 먹더니,
자식들이 배탈이 났다.

30 아니다. 이제 사람은 자기가 지은 죄에 대해서만 대가를
치르게 될 것이다. 네가 덜 익은 사과를 먹으면, 너만 탈이
날 것이다."

새 언약

31-32 "그렇다. 내가 이스라엘과 유다와 전혀 새로운 언약을
맺을 날이 오고 있다. 이는 전에 내가 그들의 조상을 이집트
땅에서 인도해 나올 때 그들과 맺은 언약과 다르다. 주인인
내가 약속을 이행했는데도 그들은 그 언약을 깨뜨려 버렸
다." **하나님**의 포고다.
33-34 "그날에 내가 이스라엘과 맺을 전혀 새로운 언약은 이
것이다. 내가 나의 법을 그들 속에 넣어 주겠고—마음판에
새길 것이다!—그들의 하나님이 되어 줄 것이다. 그리고 그
들은 나의 백성이 될 것이다. 그들은 **하나님**에 대해 가르치

는 학교를 더 이상 세울 필요가 없으리라. 둔한 자든 영리한
자든, 이해가 빠른 자든 느린 자든, 그들은 직접 나를 알게
될 것이기 때문이다. 내가 그들의 과거를 모두 청산해 줄 것
이다. 나는 그들이 죄를 지었다는 사실조차 잊어버릴 것이
다!" **하나님**의 포고다.

35 해로 낮을 밝히시고 달과 별들로 밤을 밝히시며,
대양을 뒤흔들어 큰 물결을 일으키시는,
그 이름 만군의 **하나님**의 메시지다.

36 "이 우주의 질서가 무너져
내 앞에서 다시 혼돈 속으로 빠져드는 일이 없는 한,
이스라엘 민족이 허물어져
내 앞에서 사라지는 일은 없을 것이다." **하나님**의 포고다.

37 **하나님**의 메시지다.

"누가 막대기로 하늘을 측량하거나
땅을 밑바닥까지 파 들어갈 수 있다면 모를까,
이스라엘이 저지른 역겨운 죄 때문에
내가 그들을 버리는 일은 없을 것이다." **하나님**의 포고다.

38-40 "보아라. **하나님**의 도성이 재건될 날이 다가온다. 하나
넬 요새부터 '모퉁이 문'에 이르기까지, 전체가 재건될 것이
다." **하나님**의 포고다. "완성된 도성은 서쪽으로 가렙 언덕
까지 뻗고, 거기서 돌아 고아까지 이를 것이다. 불탄 시체
더미가 쌓인 남쪽 골짜기 전역—죽음의 골짜기!—과 북쪽
'말 문'에서 동쪽 기드론 시내까지 펼쳐진 계단 모양의 들판
전체가 나를 위한 거룩한 곳으로 구별될 것이다.
이 도성이 다시는 허물어지거나 파괴되지 않을 것이다."

예레미야가 아나돗의 밭을 사다

32 1-5 유다 왕 시드기야 십년에 예레미야가 **하나
님**께 받은 **메시지**다. 느부갓네살 십팔년이 되던
해다. 이때에 바빌론 왕의 군대가 예루살렘을 포위했다. 예
레미야는 왕궁 감옥에 갇혀 있었다. 유다 왕 시드기야가 그
를 잡아 가두며 말했다. "당신은 '**하나님**께서 말씀하신다. 내
가 네게 경고한다. 내가 이 도성을 바빌론 왕에게 넘겨주고
그의 차지가 되게 할 것이다. 유다 왕 시드기야도 이 도성과
함께 갈대아 사람들에게 넘겨질 것이다. 그는 바빌론 왕 앞
에 끌려갈 것이며, 그 앞에서 응당한 처벌을 받아야 할 것이
다. 그는 바빌론으로 끌려가서, 내가 다시 찾을 때까지 거기
머물게 될 것이다. **하나님**의 포고다. 원한다면, 바빌론 사람

들에게 맞서 싸워 보아라. 그래 봐야 아무 소용없을 것이다'
하고 설교했소. 어떻게 감히 그런 설교를 한단 말이오?"
6-7 예레미야가 말했다. "**하나님**의 **메시지**가 내게 임했습니
다. '준비하여라! 너의 숙부 살룸의 아들 하나멜이 너를 보
러 오는 중이다. 그가 와서 "아나돗에 있는 내 밭을 사십시
오. 그 밭을 살 수 있는 법적 권한이 당신에게 있습니다" 할
것이다.'
8 그런데 **하나님**께서 말씀하신 대로, 정말 나의 사촌 하나멜
이 감옥에 있는 나를 찾아와서 말했습니다. '베냐민 영역 아
나돗에 있는 내 밭을 사십시오. 그것을 가문의 재산으로 소
유할 법적 권한이 당신에게 있으니, 그 밭을 사서 차지하십
시오.'
나는 그것이 **하나님**의 **메시지**라는 것을 알았습니다.
9-12 그래서 사촌 하나멜의 소유였던 그 밭을 샀습니다. 나는
그에게 은 열일곱 세겔을 지불했습니다. 그리고 필요한 절
차를 모두 밟았습니다. 증인들 앞에서 매매계약서를 작성
하고 봉인했으며, 저울에 돈의 무게를 달았습니다. 그러고
나서 구매증서들—계약 내용과 조건이 적힌 봉인된 문서와
봉인되지 않은 문서—을 마세야의 손자요 네리야의 아들인
바룩에게 주었습니다. 나는 내 사촌 하나멜과 증서에 서명
한 증인들이 지켜보는 앞에서 이 모든 일을 행했고, 그날 감
옥에 있던 유다 사람들도 이 일을 지켜보았습니다.
13-15 그 다음에, 나는 그들 모두가 보는 앞에서 바룩에게 말

했습니다. '이는 만군의 **하나님**, 이스라엘의 하나님께서 내리시는 명령이다. 이 문서들을—봉인된 문서와 봉인되지 않은 문서 둘 다—가져다가 옹기그릇 안에 안전하게 넣어 두어라. 만군의 **하나님**, 이스라엘의 하나님께서 말씀하신다. "이제 사람들이 정상적인 생활을 되찾을 것이다. 집과 밭과 포도원을 사는 일이 다시 시작될 것이다."'
16-19 네리야의 아들 바룩에게 그 증서들을 넘겨준 다음, 나는 **하나님**께 기도했습니다. '사랑하는 **하나님**, 나의 주님, 주께서는 크신 능력으로—한 번의 손짓만으로!—땅과 하늘을 창조하셨습니다. 주께는 불가능이란 없습니다. 주님은 천 대에 이르기까지 한결같은 사랑을 보여주십니다. 그러나 주님은 부모가 지은 죄의 결과를 자녀가 지고 살게도 하십니다. 크고 능하신 하나님, 그 이름 만군의 **하나님**, 확고한 목적을 세우시며 뜻하신 바를 반드시 이루어 내시는 주께서는 사람이 행하는 모든 일을 보십니다. 그들이 살아온 길과 행한 일에 따라 합당하게 다루십니다.
20-23 주께서는 이집트에서 표징과 기적을 행하셨고, 바로 이 순간까지도 여기 이스라엘과 다른 모든 곳에서 그 같은 일을 행하고 계십니다. 주께서는 스스로 이름을 떨치셨으며, 그 명예는 결코 실추되는 법이 없습니다. 주께서는 표징과 기적들로, 한 번의 손짓만으로 주의 백성을 이집트에서 구해 내셨습니다. 강력한 구원의 일을 행하셨습니다! 주께서는 조상들에게 엄숙히 약속하신 대로, 그들에게 기름지고

비옥한 이 땅을 주셨습니다. 그러나 그들이 땅을 차지하게 되자, 주의 말씀 듣기를 거부했습니다. 그들은 주께서 명하신 일들을 지켜 행하지 않았습니다. 주께서 그들에게 이르시는 말씀을 한 마디도 듣지 않았습니다. 그래서 주님은 그들에게 이 재앙을 내리셨습니다.
24-25 오, 이 도성을 점령하려고 저들이 세운 포위 공격용 축대들을 보십시오. 살육과 기아와 질병이 우리 코앞에 닥쳤습니다. 바빌론 사람들이 공격해 옵니다! 주의 말씀이 이제 이루어지고 있습니다. 눈앞에서 매일 벌어지고 있습니다! 그러나 주 **하나님**, 주께서는 바빌론 사람들에게 도성이 넘어갈 것이 확실한 상황에서 제게 또 말씀하셨습니다. 그 밭을 현금을 주고 사라고, 반드시 증인들을 세워 두라고 말씀하셨습니다.'"

26-30 **하나님**의 **메시지**가 다시 예레미야에게 임했다. "깨어 있어라! 나는 **하나님**이다. 살아 있는 모든 것의 하나님이다. 내가 할 수 없는 일이 무엇이겠느냐? 그러니 **하나님**의 **메시지**에 귀 기울여라. 내가 분명히 이 도성을 바빌론 사람들과 바빌론 왕 느부갓네살에게 넘겨줄 것이다. 그가 이 도성을 점령할 것이다. 갈대아 사람들이 쳐들어와 이 도성을 불태울 것이다. 지붕 위에서 바알에게 제물을 바치고 수도 없이 많은 우상숭배로 나를 격노케 한 자들의 집이 모두 불

탈 것이다. 그들이 나를 노하게 한 것이 이번이 처음은 아니
다. 이스라엘과 유다 백성은 이미 오래전부터 그렇게 해왔
다. 내가 혐오하는 악을 행하여 나를 진노케 했다." **하나님**
의 포고다.
31-35 "이 성읍은 처음 건설된 날부터 나를 진노케 했고, 나는
참을 만큼 참았다. 그러나 이제는 그것을 멸하려고 한다. 이
스라엘과 유다 백성의 사악한 삶을 더는 봐줄 수 없다. 왕,
지도자, 제사장, 설교자, 시골사람, 성읍사람 할 것 없이 다
들 의도적으로 내 진노를 돋운다. 그들에게 사는 길을 가르
치려고 그토록 애썼건만, 그들은 내게 등을 돌렸다. 내 얼굴
도 보지 않는다! 그들은 귀 기울여 듣지 않고 가르침 받기를
거절했다. 그들은 나를 높이려고 세운 성전 안에 역겨운 신
상과 여신상들을 두기까지 했다. 극악무도한 신성모독이다!
그들은 힌놈 골짜기에 바알 산당을 세우고, 거기서 자식들
을 몰록 신에게 불살라 바치며—내가 상상조차 해본 적 없
는 악이다!—온 나라를 죄악의 소굴로 만들어 버렸다."

36 "너희는 '이 도성이 살육과 기근과 염병을 겪고 바빌론 왕
의 손에 넘어갈 것이다' 하고 말하는데, 나 이스라엘의 **하나**
님이 이 도성에 주는 **메시지**를 들어라.
37-40 두고 보아라! 내가 격노하여 그들을 여러 나라로 쫓아
내겠지만, 언젠가 다시 모아들일 것이다. 그렇다. 그들을 다

시 이곳으로 데려와서 평화롭게 살게 할 것이다. 그들은 나
의 백성이 되고, 나는 그들의 하나님이 될 것이다. 그들이
한마음으로 나를 높이게 하여, 그들뿐 아니라 그 후손들도
복된 삶을 살게 할 것이다. 내가 그들과 영원한 언약을 맺
어, 어떤 일이 있더라도 그들 곁을 지키며 그들을 보호할 것
이다. 나는 그들이 한마음과 한 뜻으로 나를 늘 존귀히 여기
게 하여, 내게 등을 돌릴 생각조차 못하게 만들 것이다.
41 내가 참으로 그들을 기뻐하리라! 참으로 기꺼이 좋은 것
을 그들에게 베풀리라! 내가 온 마음을 다해 그들을 이 나라
에 심을 것이며, 이곳에서 그들을 지키리라!'
42-44 그렇다. 이는 **하나님**의 **메시지**다. '내가 분명히 이 백성
에게 엄청난 재앙을 내리겠지만, 놀라운 번영도 가져올 것
이다. 내가 약속한다. 이 나라에서 밭을 사고파는 일이 재개
될 것이다. 너희가 바빌론 사람들에게 짓밟혀, 영영 사람이
살 수 없는 황무지가 될 것이라고 생각하는 이 나라에서 말
이다. 그렇다. 사람들이 다시 농장을 살 것이다. 구매증서를
작성하고, 문서를 봉인하고, 합당한 증인들을 세우며, 법적
인 절차를 따라 살 것이다. 바로 여기 베냐민 영토에서, 예
루살렘 주변에서, 유다와 산간지역 주변에서, 세벨라와 네
겝에서 말이다. 너희가 잃은 모든 것을 내가 회복시킬 것이
다.' **하나님**의 포고다."

예루살렘과 유다의 회복에 대한 약속

33

1 예레미야가 아직 감옥에 갇혀 있을 때, **하나**
님께서 두 번째 **메시지**를 그에게 주셨다.
2-3 "**하나님**, 땅을 만들되 생명체가 살기에 알맞고 든든한 곳
으로 세운 이, 온 세상에 **하나님**으로 알려진 이의 **메시지**다.
나를 불러라. 내가 응답할 것이다. 너 스스로는 결코 깨닫지
못할 경이롭고 놀라운 것들을 너에게 말해 줄 것이다.
4-5 **하나님** 이스라엘의 하나님이, 이 성읍에서 일어나고 있
는 일에 대해 말한다. 백성의 집과 왕의 집들이 무너졌고,
전쟁의 피해를 입었으며, 갈대아 사람들이 학살을 저질렀
고, 거리에는 나의 불같은 진노로 인해 죽은 자들의 시체가
널브러져 있다. 내 속을 뒤집어 놓은 악행 때문에 이 성읍에
서 이 모든 일이 벌어졌다.
6-9 그러나 이제 다시 보아라. 내가 이 성읍을 안팎으로 치료
하여 완전히 새롭게 세울 것이다. 그들에게 온전한 삶, 복이
넘치는 삶을 보여줄 것이다. 유다와 예루살렘이 잃었던 모
든 것을 되찾고, 모든 것을 처음처럼 다시 세울 것이다. 그
들이 내게 지은 죄의 얼룩을 깨끗이 씻어 주고, 내가 그들이
행한 잘못과 반역을 모두 용서해 줄 것이다. 그리하여 세상
모든 나라가 예루살렘으로 인해 내게 기쁨과 찬양과 영광을
돌릴 것이다. 내가 이 성읍에 베풀 온갖 좋은 일을 만민이
전해 들을 것이다. 내가 이 성읍에 쏟아부을 복을 보며 그들
모두가 경외심을 품게 될 것이다.

10-11 그렇다. **하나님의 메시지**다. 너희는 이곳, 유다의 텅 빈
마을과 예루살렘의 황폐한 거리를 보며 '황무지다. 살 수 없
는 곳이다. 들개도 살 수 없다' 할 것이다. 그러나 이곳에 웃
음소리, 축제소리, 결혼 축하연소리가 들리게 될 날이 오리
라. 그날이 오면, 사람들이 **하나님**의 성전에 감사의 제물을
바치며 큰소리로 외칠 것이다. '만군의 **하나님**께 감사하여
라. 그분은 선하시다! 그분의 사랑은 다함이 없다.' 내가 이
땅이 잃은 모든 것을 회복시켜 주리라. 모든 것을 새롭게 하
리라. 나 **하나님**의 말이다.
12-13 만군의 **하나님**이 말한다. '머지않아 들개도 살 수 없을
만큼 황폐해질 이곳이지만, 장차 목자들이 자기 양 떼를 보
살피는 초장이 될 것이다. 사방에서—세벨라와 네겝 주변
의 산들에서, 베냐민 영토 전역에서, 예루살렘과 유다 주변
에서—양 떼를 보게 되리라. 목자들이 양 한 마리 한 마리
를 세심하게 보살필 것이다.' 나 **하나님**의 말이다."

하나님의 언약

14-18 "**하나님**의 포고다. 두고 보아라. 내가 이스라엘과 유다
가문에게 한 약속을 이룰 날이 올 것이다. 그날이 오면, 나
는 '다윗 나무'에서 새롭고 참된 한 가지가 돋아나게 할 것이
다. 그가 이 나라를 정직하고 공평하게 다스릴 것이다. 그가
모든 일을 바로잡을 것이다. 그날이 오면, 유다가 평안을 누
리고 예루살렘이 안전한 곳이 되리라. 사람들은 그 성읍을

두고 '**하나님**께서 우리를 위해 만사를 바로잡으셨다'고 말할 것이다. 나 **하나님**이 분명히 말하건대, 이스라엘 백성을 통치할 다윗 후손이 끊어지지 않을 것이다. 번제와 곡식 제물과 희생 제물을 바쳐 나를 높일 레위 지파 제사장들도 끊어지지 않을 것이다."

⁂

19-22 예레미야에게 임한 **하나님**의 **메시지다.** "**하나님**이 말
한다. 내가 낮과 밤과 맺은 언약이 깨어져 낮과 밤이 무질서
해지고, 언제 밤이 되고 언제 낮이 될지 알 수 없는 일이 벌
어지지 않는 한, 내가 나의 종 다윗과 맺은 언약이 깨지거
나 그의 후손이 더 이상 통치하지 못하게 될 일은 결코 없을
것이다. 나를 섬기는 레위 지파 제사장들의 경우도 마찬가
지다. 하늘의 별들을 다 셀 수 없고 바닷가 모래알을 다 헤
아릴 수 없듯이, 너희는 나의 종 다윗의 후손과 나를 섬기는
레위인의 수를 다 셀 수 없을 것이다."

⁂

23-24 예레미야에게 임한 **하나님**의 **메시지다.** "너는 들어 보
았느냐? '**하나님**께서 전에 택하신 두 가문, 곧 이스라엘과
유다를 이제 내쳐 버리셨다'는 소문을. 너는 보았느냐? 내
백성이 멸시를 받고 별 볼 일 없는 자들이라고 무시당하는
모습을.

25-26 자, **하나님**의 응답이다. '내가 낮과 밤과 맺은 언약이
건재하고, 하늘과 땅이 내가 정한 대로 움직이는 한, 내가
야곱과 나의 종 다윗의 후손을 내치거나 다윗의 후손 중에
아브라함과 이삭과 야곱의 후손을 다스릴 자들을 세우던
것을 그치는 일은 결코 없을 것이다. 나는 그들이 잃은 것
전부를 되찾게 해줄 것이다. 그들에게 자비를 베풀 것이
다. 이것이 나의 최종 결정이다.'"

시드기야 왕에 대한 예언

34 1 바빌론 느부갓네살 왕이 그의 군대와 동맹군
과 소집 가능한 병력을 총동원하여 예루살렘과
그 주변 성읍들을 전면적으로 공격해 왔을 때, 예레미야에
게 임한 **하나님**의 **메시지**다.
2-3 "나 **하나님**, 이스라엘의 하나님이 말한다. 너는 유다 왕
시드기야에게 가서 이렇게 전하여라. '**하나님**의 **메시지**다.
내 말을 잘 들어라. 내가 이제 이 도성을 바빌론 왕에게 넘
겨줄 텐데, 그로 인해 이 도성이 잿더미가 될 것이다. 빠져
나갈 생각은 아예 마라. 너는 붙잡혀서 그의 죄수가 될 것이
다. 너는 바빌론 왕을 직접 대면하고 바빌론으로 끌려갈 것
이다.
4-5 유다 왕 시드기야야, **하나님**의 **메시지**를 끝까지 들어라.
네가 살해되는 일은 없을 것이다. 너는 평화롭게 죽을 것이
다. 사람들은 너의 조상과 선왕들에게 한 것처럼, 너의 장례

도 잘 치러 줄 것이다. "왕이시여, 왕이시여!" 하며 예법에
따라 너의 죽음을 애도할 것이다. 이것은 엄숙한 약속이다.
하나님의 포고다.'"
6-7 예언자 예레미야가 예루살렘의 유다 왕 시드기야에게 이
메시지를 전했다. 한 자도 빠뜨리지 않고 그대로 전했다. 그
때 바빌론 왕은 예루살렘과 유다의 남은 성읍을 향해 맹공
격을 퍼붓고 있었다. 그때까지 함락되지 않고 남은 유다의
요새는 라기스와 아세가, 두 곳뿐이었다.

8-10 **하나님**께서 예레미야에게 **메시지**를 전하셨다. 시드기야
왕이 남녀 히브리 종을 해방시켜 주겠다는 언약을 예루살렘
백성과 맺은 다음이었다. 유다에서는 누구도 동족 유다 사
람을 종으로 소유해서는 안된다는 것이 언약의 내용이었다.
그 언약에 서명한 모든 지도자와 백성은 그들이 종으로 부
리던 남종과 여종 모두를 해방시켜 주었다.
11 그러나 얼마 지나지 않아 그들은 그 언약을 어기고, 전에
부리던 자들을 강제로 끌고 가 다시 종으로 삼았다.
12-14 그때 **하나님**께서 예레미야에게 **메시지**를 주셨다. "**하
나님** 이스라엘의 하나님이 말한다. 나는 이집트에서 종으로
있던 너희 조상을 구해 주고 그들과 언약을 맺었다. 그때 내
가 분명히 말했다. '네 동족 히브리 사람이 어쩔 수 없이 자
신을 팔아 너의 종이 되더라도, 일곱 해째에는 그를 해방시

켜 주어야 한다. 그가 여섯 해 동안 너를 섬겼으면, 이후에
는 그를 자유롭게 풀어 주어야 한다.' 그러나 너희 조상은
내 말을 완전히 무시했다.
15-16 그렇다면 너희는 어떠했느냐? 처음에는 너희가 바른
길로 돌아섰고 바른 일을 행했다. 형제자매들에게 자유를
선언했다. 그것도 내 성전에서, 엄숙한 언약을 통해 공식적
으로 그렇게 했다. 그러나 너희는 금세 돌변하여 너희가 했
던 약속을 깨뜨렸다. 나와의 언약을 우습게 여겨, 얼마 전에
풀어 주었던 그들을 다시 종으로 삼았다. 그들을 강제로 다
시 종이 되게 했다.
17-20 그러므로 나 **하나님**이 말한다. 너희는 내 말에 순종하
지 않았다. 너희 형제자매들을 풀어 주지 않았다. 그러니 이
번에는 내가 너희를 풀어 주겠다. **하나님**의 포고다. 너희를
전쟁과 염병과 기근이 판치는 도살장에 풀어 주겠다. 너희
를 공포의 주인공으로 만들겠다. 너희 모습을 보고 온 세상
사람이 무서워 떨 것이다. 나는 내 언약을 어긴 자들, 송아
지를 두 토막으로 가르고 그 사이로 걸어가는 언약 의식으
로 엄숙히 맹세한 언약을 이행하지 않은 자들, 그날 두 토막
난 송아지 사이로 걸어갔던 유다와 예루살렘의 지도자, 왕
궁 관리, 제사장과 나머지 백성 모두를, 그들의 목숨을 노리
는 적들에게 넘겨줄 것이다. 독수리와 들개가 그들의 시체
를 먹어 치울 것이다.
21-22 유다 왕 시드기야와 그의 고관들도, 그들의 목숨을 노

리는 적들에게 넘겨줄 것이다. 바빌론 왕의 군대가 잠시 물러가겠지만, 곧 다시 올 것이다. 내가 명령을 내려 그들을 다시 이 도성으로 불러올 것이기 때문이다. 그들이 쳐들어와 이 땅을 점령하고 모두 불태워 잿더미로 만들 것이다. 유다 주변의 성읍들도 같은 운명을 맞을 것이다. 그 성읍들도 사람이 살 수 없는 곳, 텅 빈 곳으로 만들 것이다." **하나님**의 포고다.

레갑 사람들

35
1 십 년 전 요시야의 아들 여호야김이 이스라엘
의 왕으로 다스리던 때에, 예레미야가 **하나님**
께 받은 **메시지**다.
2 "레갑 공동체를 찾아가거라. 그들에게 **하나님**의 성전 어
느 방에서 만나자고 전하고, 그 방에서 그들에게 포도주를
대접하여라."
3-4 나는 그 길로 가서 하바시냐의 손자요 예레미야의 아들
인 야아사냐와 그의 형제와 아들들—레갑 공동체 전체—을
만나, 그들을 **하나님**의 성전 안, 하난의 회합실로 데리고 들
어갔다. 하난은 익다랴의 아들로 하나님의 사람이다. 그 방
은 성전 관리들의 회합실 바로 옆이었고, 살룸의 아들이자
성전 일을 맡고 있는 마아세야의 방 바로 위였다.
5 거기서 내가 레갑 집안 사람들 앞에 포도주가 담긴 잔과
주전자를 내놓으며 권했다. "드시지요!"

6-7 그러나 그들은 마시려 하지 않았다. "우리는 포도주를
마시지 않습니다." 그들이 말했다. "우리 조상 레갑의 아들
요나답이 이르기를, '너희와 너희 자식들은 절대 포도주를
마시지 마라. 집을 짓거나, 밭이나 동산이나 포도원을 경작
하며 정착생활을 해서도 안된다. 재산을 소유하지 마라. 유
랑민처럼 장막을 치고 살아라. 그러면 너희 유랑생활이 복
되고 번창할 것이다'라고 했습니다.
8-10 우리는 그렇게 해왔습니다. 레갑의 아들 요나답이 명령
한 대로 따랐습니다. 우리와 우리 아내와 우리 아들과 딸들
은 포도주를 전혀 마시지 않습니다. 우리는 집을 짓지도, 포
도원이나 밭이나 동산을 소유하지도 않습니다. 우리는 유랑
민들처럼 장막을 치고 삽니다. 우리는 우리 조상 요나답의
말씀에 순종했고, 그가 명령한 모든 것을 지켰습니다.
11 그런데 바빌론 왕 느부갓네살이 우리 땅에 쳐들어왔을
때, 우리는 '갈대아 군대와 아람 군대를 피해 예루살렘으로
가자. 안전한 장소를 찾아가자'고 의견을 모았습니다. 그래
서 지금 우리가 여기 예루살렘에 살고 있는 것입니다."

12-15 그때 **하나님**께서 예레미야에게 **메시지**를 주셨다. "나
만군의 **하나님**, 이스라엘의 하나님이 말한다. 너는 유다 사
람과 예루살렘 주민에게 가서 내 말을 전하여라. '어째서 너
희는 교훈을 얻으려 하지 않느냐? 어째서 내 말을 따르지
않느냐?' **하나님**의 포고다. '레갑의 아들 요나답이 자손들

에게 내린 명령은 그야말로 철두철미하게 준행되었다. 요나답은 그들에게 포도주를 마시지 말라고 했고, 그들은 오늘까지 한 방울의 포도주도 입에 대지 않았다. 그들은 조상이 내린 명령을 존중하여 순종했다. 그런데 너희는 어떠냐! 너희 주의를 끌고자 내가 그토록 수고하였는데도, 너희는 계속 나를 무시했다. 나는 거듭거듭 너희에게 예언자들을 보냈다. 나의 종인 그들은 이른 아침부터 밤늦게까지 너희에게 외쳤다. 삶을 바꾸고 악한 과거에서 돌이켜 옳은 일을 행하며, 다른 신들을 좇아가지 말고, 내가 너희 조상에게 준 이 나라에 정착해 신실하게 살아가라고 말했다.

15-16 그런데 내게 돌아온 것이 무엇이냐? 귀를 틀어막은 너희의 모습뿐이다. 레갑의 아들 요나답의 자손들은 조상이 내린 명령을 그토록 철두철미하게 따랐는데, 내 백성은 나를 무시한다.'

17 그러므로 앞으로 이렇게 될 것이다. 만군의 **하나님**, 이스라엘의 하나님이 말한다. '내가 유다와 예루살렘의 모든 백성에게 재앙을 내릴 것이다. 이미 경고한 그 재앙이 임할 것이다. 내가 말할 때에 너희가 귀를 막았고, 내가 부를 때에 너희가 등을 돌렸기 때문이다.'"

18-19 그러고 나서, 예레미야가 레갑 공동체를 향해 말했다. "만군의 **하나님**, 이스라엘의 하나님께서 너희에게 이르시는 말씀이다. '너희는 너희 조상 요나답이 너희에게 이른 대로 행했고, 그의 명령에 순종했으며, 그의 지시를 철저히 따

랐다. 그러므로 나 만군의 **하나님**, 이스라엘의 하나님이 내
리는 이 **메시지**를 받아라. 레갑의 아들 요나답의 자손 가운
데서 나를 섬길 사람이 끊어지지 않으리라! 언제까지나!'"

바룩이 성전에서 두루마리를 낭독하다

36 1 유다 왕 요시야의 아들 여호야김 사년에, **하
나님**께서 예레미야에게 **메시지**를 주셨다.
2 "두루마리를 구해서, 요시야 때부터 오늘에 이르기까지
내가 이스라엘과 유다와 다른 모든 민족에 대해 네게 말한
내용을 전부 적어라.
3 행여 유다 공동체가 알아들을지도 모른다. 내가 내리려는
재앙을 그들이 마침내 깨닫고 악한 삶에서 떠나면, 내가 그
들의 고집과 죄를 용서하게 될지도 모른다."
4 예레미야는 네리야의 아들 바룩을 불렀다. 바룩은 **하나님**
께서 예레미야에게 하신 모든 말씀을 예레미야가 불러 주는
대로 두루마리에 받아 적었다.
5-6 그런 다음에 예레미야가 바룩에게 말했다. "나는 감시받
는 몸이어서 **하나님**의 성전에 갈 수 없으니, 나를 대신하여
그대가 가야 하오. 성전에 들어가서, 내가 불러 주는 대로
받아 적은 이 말씀 전부를 그대가 낭독하여 들려주시오. 모
두가 그대의 말을 들을 수 있는 금식일을 기다렸다가 낭독
하시오. 유다의 여러 성읍에서 온 모든 사람이 이 말씀을 듣
게 하시오.

7 그들이 기도하기 시작하면, **하나님**께서 그들의 기도를 들
어주실지 모르오. 그들이 악한 길에서 돌이킬지 모르오. 이
는 참으로 중대한 문제요. **하나님**께서 얼마나 노하셨는지
그들에게 분명히 알리시니 말이오!"
8 네리야의 아들 바룩은 예언자 예레미야가 지시한 대로, 하
나님의 성전으로 가서 그가 두루마리에 적은 **하나님의 메시
지**를 읽었다.

9 때는 유다 왕 요시야의 아들 여호야김 오년 십이월이었다.
예루살렘 주민과 유다 성읍에서 온 사람들 모두가 예루살렘
에 모여 **하나님** 앞에서 금식하고 있었다.
10 바룩이 두루마리를 가지고 성전에 들어가 사람들 앞에서
예레미야의 말을 낭독했다. 낭독한 곳은 서기관 사반의 아
들 그마랴의 회합실이었는데, 그 방은 **하나님**의 성전 '새 대
문' 어귀의 위 뜰에 있었다. 모든 사람이 그의 말을 잘 들을
수 있었다.
11-12 그마랴의 아들 미가야가 두루마리에 기록된 **하나님의
메시지**를 듣고서는, 즉시 왕궁에 있는 서기관의 방으로 갔
다. 마침 고관들이 거기 모여 회의를 하고 있었다. 서기관
엘리사마와 스마야의 아들 들라야와 악볼의 아들 엘라단과
사반의 아들 그마랴와 하나냐의 아들 시드기야 등 모든 고
관이 그곳에 있었다.
13 미가야는 바룩이 낭독한 내용을 들은 대로 보고했고, 고

관들은 귀 기울여 들었다.
14 그들은 즉시 구시의 증손이요 셀레먀의 손자요 느다냐의
아들인 여후디를 바룩에게 보내어, "그대가 백성에게 읽어
준 두루마리를 가져오시오" 하고 명령했다. 그래서 바룩이
그 두루마리를 가지고 그들에게 갔다.
15 고관들은 그에게 "거기 앉아서, 그 두루마리를 우리에게
낭독해 주시오" 하고 말했다. 바룩은 그들에게 낭독하여 들
려주었다.
16 그 모든 말씀을 들은 그들은 몹시 당황했다. 그들은 서로
말을 주고받더니, "우리가 이것을 왕에게 전부 보고해야겠
소" 하고 말했다.
17 그들이 바룩에게 청했다. "말해 주시오. 어떻게 이 모든 말
씀을 적게 된 것이오? 예레미야의 말을 받아 적은 것이오?"
18 바룩이 말했다. "그렇습니다. 그의 입에서 나오는 대로
한 자 한 자 펜과 잉크로 받아 적었습니다."
19 고관들이 바룩에게 말했다. "당신은 여길 떠나야 하오.
가서, 예레미야와 같이 숨어 지내시오. 당신들이 어디 있는
지 누구도 알아서는 안되오!"
20-21 고관들이 그 두루마리를 서기관 엘리사마의 집무실에
보관하여 두고 왕궁 뜰로 가서 왕에게 보고했다. 왕은 여후
디를 보내어 그 두루마리를 가져오게 했다. 여후디가 서기
관 엘리사마의 집무실에서 그것을 가져다가, 왕과 왕을 보
좌하는 고관들 앞에서 낭독했다.

22-23 때는 십이월이었다. 왕은 겨울 별관에서 화롯불 앞에
앉아 있었다. 여후디가 서너 문단을 읽자, 왕은 자기 주머니
칼을 꺼내 그 부분을 두루마리에서 오려내고 불 속에 던져
버렸다. 이런 식으로 왕은 두루마리 전부를 불에 넣고 태워
버렸다.
24-26 왕과 신하들 모두, 낭독되는 메시지를 듣고 일말의 가
책도 느끼지 않았다. 엘라단과 들라야와 그마랴가 두루마리
를 태우지 말도록 간청했으나, 왕은 전혀 듣지 않았다. 오히
려 왕은, 왕자 여라므엘과 아스리엘의 아들 스라야와 압디
엘의 아들 셀레먀에게 명령하여, 예언자 예레미야와 그의
서기관 바룩을 잡아 오게 했다. 그러나 **하나님**께서 그들을
숨기셨다.

27-28 예레미야가 불러 주는 대로 바룩이 받아 적은 두루마리
를 왕이 불태운 뒤에, **하나님**께서 예레미야에게 **메시지**를
주셨다. "빈 두루마리를 구해다가, 유다 왕 여호야김이 태
워 없앤 처음 두루마리에 적힌 내용을 전부 다시 적어라.
29 그리고 유다 왕 여호야김에게 이 메시지를 보내라. '**하나
님**이 말한다. 너는 "바빌론 왕이 와서 이 땅을 파괴하고 이
땅의 모든 것을 전멸시킬 것이라니, 말이 되는 소린가?" 하
면서 감히 두루마리를 불태웠다.
30-31 좋다. **하나님**이 유다 왕 여호야김에게 뭐라고 할지 알

고 싶으냐? 들어라. 그의 자손 중에 어느 누구도 다윗 보좌
에 앉지 못할 것이다. 그의 시체가 길거리에 내던져져 낮에
는 불볕을, 밤에는 칼바람을 받을 것이다. 내가 여호야김과
그의 자녀와 그의 고관들의 파렴치한 죄를 물어 모두 벌할
것이다. 그동안 경고했던 재앙, 그들이 믿지 않았던 대재앙
을 그들과 예루살렘 모든 주민에게 내릴 것이다.'"
32 예레미야가 다른 두루마리를 가져다가 네리야의 아들 서
기관 바룩에게 주었다. 바룩은 예레미야가 불러 주는 대로,
유다 왕 여호야김이 불태워 없애 버린 내용 전부를 다시 적
었다. 어느 정도 추가된 부분이 있었으나 내용은 전과 비슷
했다.

꼭두각시 왕 시드기야

37 1-2 바빌론 왕 느부갓네살이 세운 꼭두각시 왕
요시야의 아들 시드기야가 여호야김의 아들 여
호야긴을 대신하여 유다를 통치하고 있었다. 그런데 왕과
신하와 백성은 **하나님**께서 예언자 예레미야에게 주신 **메시
지**에 조금도 주의를 기울이지 않았다.
3 어느 날 시드기야 왕이 셀레먀의 아들 여후갈과 마아세야
의 아들 제사장 스바냐를 예언자 예레미야에게 보내어 말했
다. "우리를 위해서 우리의 주님이신 **하나님**께 기도해 주시
오. 열심을 다해 기도해 주시오!"
4-5 그때는 예레미야가 백성 가운데 자유롭게 드나들며 활동

하던 때로, 아직 감옥에 갇히기 전이었고, 바로의 군대가 이
집트를 출발해 진군해 오고 있었다. 예루살렘을 포위하고
있던 갈대아 사람들이 이집트 군대가 오고 있다는 소식을
듣고 예루살렘에서 물러갔다.
6-10 그때 **하나님**께서 예언자 예레미야에게 **메시지**를 주셨
다. "이스라엘의 **하나님**이 말한다. 너는 내게 자문을 구하
려고 너희를 보낸 유다 왕에게 이 **메시지**를 전하여라. '잘
들어라. 너희를 도우러 바로의 군대가 오고 있다만, 그들은
오래 머물지 않을 것이다. 그들은 여기 도착하자마자 곧 떠
나 이집트로 돌아갈 것이다. 그러면 바빌론 사람들이 돌아
와 공격을 재개하고, 이 도성을 점령하여 불태울 것이다. 나
하나님이 너희에게 말한다. 서로 안심시키려고 "바빌론 사
람들은 며칠 내로 떠날 것이다" 말하며 스스로를 속이지 마
라. 내가 너희에게 말하는데, 그들은 떠나지 않을 것이다.
설령 너희가 갈대아 공격부대를 모두 격퇴시켜 그들 진영에
부상병들만 남더라도, 그들이 일어나 이 도성을 불태워 버
릴 것이다.'"

11-13 갈대아 군대가 예루살렘에서 물러갔을 때, 예레미야가
개인적 일을 처리하러 예루살렘을 떠나 베냐민 영토로 건너
갔다. 그가 '베냐민 성문'에 이르렀을 때, 거기 수문장이던
하나냐의 손자요 셀레먀의 아들인 이리야가 예언자 예레미

야를 붙잡고 고발하며 말했다. "당신은 지금 갈대아 사람들
에게 투항하러 가고 있소!"
14-16 "그렇지 않소." 예레미야가 항변했다. "갈대아 사람들
에게 투항하다니, 생각도 해본 적 없소."
그러나 이리야는 그 말을 듣지 않았다. 그는 예레미야를 체
포해 경비대로 끌고 갔다. 경비대는 몹시 격분하여, 예레미
야를 때린 다음 서기관 요나단의 집 감옥에 가두었다. (그들
은 그 집을 감옥으로 사용하고 있었다.) 그렇게 해서 예레미야
는 물웅덩이를 개조한 지하 감옥에 들어가 오랫동안 갇혀
있었다.
17 나중에 시드기야 왕이 사람을 시켜 예레미야를 데려왔다.
왕이 그에게 은밀히 물었다. "**하나님**께서 주신 **메시지**가
있소?"
"물론입니다. 있습니다." 예레미야가 말했다. "왕께서는 바
빌론 왕의 손에 넘겨질 것입니다."
18-20 예레미야가 계속해서 시드기야 왕에게 말했다. "왕께
서는 도대체 무슨 이유로 저를 감옥에 가두신 것입니까? 제
가 왕과 왕의 신하들, 그리고 백성에게 죄를 지은 것이 있습
니까? 말씀해 보십시오. 바빌론 왕이 왕과 이 땅을 치러 오
는 일은 결단코 없을 것이라고 설교하던 왕의 예언자들은
지금 다 어디에 있습니까? 내 주인인 왕이시여, 부디 제 말
에 귀 기울여 주십시오! 부디 저를 서기관 요나단의 집 지하
감옥 속으로 다시 보내지 말아 주십시오. 거기 가면 저는 죽

습니다!"
21 시드기야 왕은 명령을 내려 예레미야를 왕궁 경비대 뜰에
두었다. 거기서 예레미야는, 도성에 빵이 동날 때까지 '빵 굽
는 자들의 골목'에서 매일 빵을 한 덩어리씩 배급받았다. 이
렇게 해서 예레미야는 왕궁 경비대 뜰에서 지내게 되었다.

예레미야가 웅덩이에 갇히다

38

1 예레미야가 온 백성에게 전하는 말을, 맛단의
아들 스바댜와 바스훌의 아들 그다랴와 셀레먀
의 아들 유갈과 말기야의 아들 바스훌이 들었다.
2 "**하나님의 메시지다**. '이 성읍에 머무는 자는 누구든지 죽
임을 당할 것이다. 칼에 찔려 죽거나, 굶어 죽거나, 병들어
죽을 것이다. 그러나 바빌론 사람들에게 투항하면 목숨을
부지할 것이다.'
3 **하나님**의 분명한 말씀이다. '이 도성은 반드시 바빌론 왕
의 군대에게 멸망당할 것이다. 그에게 점령당할 것이다.'"
4 신하들이 왕에게 말했다. "부디, 이 자를 죽이십시오. 그
가 살아 있어서는 안됩니다! 그가 계속 저런 말들을 퍼뜨려
서, 아직 도성에 남아 있는 군인과 온 백성의 사기를 떨어뜨
리고 있습니다. 이 자는 이 백성이 잘 되기를 바라지 않습니
다. 그는 우리를 망하게 하려는 자입니다!"
5 시드기야 왕이 말했다. "그대들 생각이 그렇다면 뜻대로
하시오. 내가 무슨 힘이 있다고 그대들에게 반대하겠소."

6 그래서 그들이 예레미야를 붙잡아 왕궁 경비대 뜰에 있는
왕자 말기야의 집 물웅덩이에 빠뜨렸다. 그들은 그를 밧줄
에 묶어 내려보냈다. 웅덩이 안에는 물 대신 진흙뿐이었다.
예레미야는 진흙 속에 빠졌다.
7-9 왕궁 관리였던 에티오피아 사람 에벳멜렉은, 사람들이
예레미야를 물웅덩이 속으로 내동댕이쳤다는 소식을 들었
다. 그때 왕은 '베냐민 문'에서 나랏일을 보고 있었는데, 에
벳멜렉이 왕궁을 나와 왕에게 달려가 말했다. "내 주인인 왕
이시여, 저 자들이 큰 범죄를 저질렀습니다. 예언자 예레미
야를 굶겨 죽이려고 그를 물웅덩이 속에 던져 넣었습니다.
그는 죽은 목숨이나 다름없습니다. 지금 도성에는 빵 한 조
각 남아 있지 않습니다."
10 왕은 에티오피아 사람 에벳멜렉에게 명령을 내렸다. "사
람 세 명을 데리고 가서, 예언자 예레미야가 죽기 전에 어서
물웅덩이에서 꺼내어라."
11-12 에벳멜렉이 사람 세 명을 구해 왕궁 의복창고로 가서,
해진 옷 조각 얼마를 얻어 하나로 묶고 밧줄과 함께 물웅덩
이 안에 있는 예레미야에게 내려보냈다. 에티오피아 사람
에벳멜렉이 아래에 있는 예레미야를 부르며 말했다. "양쪽
겨드랑이와 밧줄 사이에 이 해진 옷 조각들을 끼워 넣으십
시오."
예레미야가 그의 말을 따랐다.
13 그들이 밧줄을 당겨 예레미야를 물웅덩이 밖으로 꺼냈다.

그러나 그는 계속 왕궁 경비대 뜰에 감금되었다.
14 후에, 시드기야 왕이 예언자 예레미야를 하나님의 성전
셋째 입구로 불렀다. 왕이 예레미야에게 말했다. "그대에게
물을 것이 있소. 내게 아무것도 숨기지 마시오."
15 예레미야가 말했다. "제가 사실대로 말씀드리면, 왕께서
는 저를 죽이실 것입니다. 제가 무슨 말을 하든지, 왕께서는
귀 기울여 듣지 않으실 것입니다."
16 시드기야가 그 자리에서 예레미야에게 은밀히 맹세하며
말했다. "우리에게 생명을 주시는 **하나님**께서 살아 계심을
두고 맹세하는데, 나는 결코 그대를 죽이거나 그대의 목숨
을 노리는 자들에게 넘겨주지 않을 것이오."
17-18 예레미야가 시드기야에게 말했다. "만군의 **하나님**, 이
스라엘의 하나님의 **메시지**입니다. '만일 네가 바빌론 왕의
장군들에게 투항하면, 너도 살고 이 도성도 불타지 않을 것
이다. 너의 가문은 살아남을 것이다. 그러나 네가 바빌론 왕
의 장군들에게 투항하지 않으면, 이 도성은 갈대아 사람들
의 수중에 들어가 모조리 불타 없어질 것이다. 그들의 손에
서 빠져나올 수 있을 것이라는 생각은 꿈에도 하지 마라.'"
19 시드기야 왕이 예레미야에게 말했다. "그러나 나는 갈대
아 사람들에게 먼저 투항한 유다 사람들이 두렵소. 그들이
나를 손에 넣으면, 나를 매우 거칠게 다룰 테니 말이오."
20-22 예레미야가 그를 안심시켰다. "그들의 수중에 떨어지
는 일은 없을 것입니다. 부디, **하나님**의 음성에 순종하십시

오. 저는 지금 왕을 위해, 왕께서 목숨을 부지하실 수 있게 하려고 이 말씀을 드립니다. 왕께서 투항을 거부할 때 어떤 일이 있을지 **하나님**께서 제게 보여주셨습니다. 상상해 보십시오. 유다 왕의 왕궁에 남은 여인들 모두가 바빌론 왕의 신하들에게 끌려갑니다. 그들은 끌려가며 이렇게 말합니다.

'그들이 네게 거짓말을 했다.
친구라고 믿었던 자들이 너를 속였다.
이제 진창에 빠져 옴짝달싹 못하는 네 꼴이라니.
네 친구라는 자들, 지금 모두 어디에 있느냐?'

23 왕의 아내와 자식들 모두가 갈대아 사람들에게 넘겨질 것
입니다. 그들의 손에서 빠져나올 수 있으리라 생각하지 마
십시오. 왕께서는 바빌론 왕에게 붙잡힐 것이며, 그가 이 도
성을 불태워 허물어 버릴 것입니다."
24-26 시드기야가 예레미야에게 말했다. "오늘 우리가 나눈
대화는 비밀로 하는 것이 그대를 위해 좋을 것이오. 고관들
이 이 일을 눈치채면, 바로 달려와 말할 것이오. '왕과 무슨
얘기를 했는지 털어놓으시오. 남김없이 자백하면 목숨은 살
려주겠소.' 만일 그런 일이 생기면, 그들에게 이렇게 말하시
오. '나는 다만 왕께 나를 요나단의 집 지하 감옥으로 다시
보내지 말아 달라고 간청드렸을 뿐이오.'"
27 과연 고관들이 예레미야를 찾아와 물었고, 그는 왕이 지

시한 대로 대답했다. 그들은 결국 그냥 돌아갔다. 그 대화를
엿들은 자는 아무도 없었다.
28 예레미야는 예루살렘이 점령당하는 날까지 왕궁 경비대
뜰에서 지냈다.

예루살렘이 함락되다

39

1-2 유다의 시드기야 왕 구년 열째 달에, 바빌론
의 느부갓네살 왕이 그의 전 병력을 이끌고 와
서 예루살렘을 포위했다. 시드기야 십일년 넷째 달 구일에,
마침내 성벽이 뚫렸다.
3 바빌론 왕의 고관들이 성 안으로 모두 들어가 '중앙 대문'
에 자리를 잡고 통치위원회를 꾸렸다. 그들은 심마갈의 네
르갈사레셀, 랍사리스 사람 느부사스반, 랍막 사람 네르갈
사레셀, 그 밖의 여러 바빌론 왕의 고관들이었다.
4-7 유다 왕 시드기야와 남은 군사들이 그 모습을 보고 도망
쳤다. 그들은 야반도주하여, 왕의 동산에 난 길을 따라 두
성벽 사이의 문을 통과하고 광야 쪽 요단 골짜기를 향해 갔
다. 바빌론 군대가 그들을 추격해 여리고 광야에서 시드기
야를 붙잡았다. 그들이 시드기야를 하맛 지방 리블라에 있
는 바빌론 느부갓네살 왕 앞으로 끌고 갔다. 리블라에서 바
빌론 왕은 시드기야가 보는 앞에서 그의 아들들을 다 죽이
고, 유다의 귀족들도 모두 죽였다. 시드기야가 그 학살을 모
두 목격하게 한 뒤에, 느부갓네살은 그의 눈을 멀게 했다.

그 후에 그를 사슬에 묶어 바빌론으로 끌고 갔다.
8-10 바빌론 사람들은 왕궁과 성전과 백성들의 집에 불을 질
러 허물어 버렸다. 예루살렘 성벽들도 모두 무너뜨렸다. 경
호대장 느부사라단이 도성 안에 남은 자들을 붙잡아서, 투항
한 자들과 함께 바빌론으로 끌고 갔다. 아무 가진 것 없는 소
수의 가난한 무리는 굳이 데려가지 않았다. 그들을 유다 땅
에 남겨 두어, 포도원과 밭을 일구며 생계를 꾸려 가게 했다.

11-12 바빌론의 느부갓네살 왕이 예레미야에 대하여 경호대
장 느부사라단에게 특별 명령을 내렸다. "그를 데려다가 잘
보살펴 주어라. 절대로 그가 해를 당하지 않게 하고, 무엇을
원하든지 다 해주어라."
13-14 경호대장 느부사라단은 랍사리스 사람 느부사스반과
랍막 사람 네르갈사레셀과 그 밖의 바빌론 왕의 모든 고관
들과 함께 왕궁 경비대 뜰로 사람을 보내어, 예레미야를 데
려다가 사반의 손자요 아히감의 아들인 그다랴에게 맡겨 집
으로 돌아갈 수 있게 해주었다. 그렇게 해서 예레미야는 백
성과 더불어 살게 되었다.

15-18 전에 예레미야가 왕궁 경비대 뜰에 구금되어 있을 때,
하나님의 메시지가 그에게 임했다. "가서 에티오피아 사람

에벳멜렉에게 전하여라. '만군의 **하나님**, 이스라엘의 하나님이 말한다. 잘 들어라. 내가 전에 말했던 그 일을 이제 이 도성에 행하려 한다. 이는 흉보다. 너는 이 일을 직접 목격하게 되겠지만, 재앙의 날에 내가 너를 건져 줄 것이다. 너는 네가 두려워하는 그들의 손에 넘겨지지 않을 것이다. 그렇다. 내가 반드시 너를 구해 줄 것이다. 너는 죽임을 당하지 않을 것이다. 털끝 하나 다치지 않고 무사할 것이다. 네가 나를 신뢰했기 때문이다.'" **하나님**의 포고다.

40

1 경호대장 느부사라단이 라마에서 예레미야를
풀어 준 뒤에 **하나님**의 **메시지**가 그에게 임했
다. 느부사라단이 예레미야에게 왔을 때, 그는 예루살렘과
유다의 다른 포로들과 함께 사슬에 묶여 바빌론으로 끌려가
는 중이었다.
2-3 경호대장이 예레미야를 지목하여 불러 말했다. "그대의
하나님께서 이곳에 재앙을 선포하시더니, 과연 **하나님**께서
경고한 대로 행하셨소. 이는 그대들이 **하나님** 앞에서 죄를
짓고, 그분의 말씀을 따르지 않았기 때문이오. 그대들 모두
가 이렇게 고통을 겪는 것은 바로 그 때문이오.
4-5 그러나 예레미야여, 오늘 내가 그대를 풀어 주고 그대의
손에서 사슬을 벗겨 주겠소. 나와 함께 바빌론으로 가고 싶
다면 그렇게 합시다. 내가 그대를 돌보아 주겠소. 그러나 바

빌론으로 가는 것을 원치 않는다 해도 괜찮소. 보시오, 그대
앞에 온 땅이 펼쳐져 있소. 그대가 원하는 대로 하시오. 어
디든 그대가 원하는 곳으로 가서 사시오. 고향 땅에 머물기
를 원한다면, 사반의 손자요 아히감의 아들인 그다랴에게
돌아가시오. 바빌론 왕께서 그를 유다의 도성 총독으로 삼
으셨소. 그와 함께, 그대의 백성과 더불어 사시오. 어디든
원하는 곳으로 가시오. 당신의 결정에 달렸소."
경호대장은 길에서 먹을 음식과 작별 선물을 들려 주며 그
를 떠나보냈다.
6 예레미야는 미스바에 있는 아히감의 아들 그다랴에게 가
서, 그와 함께 그 땅에 남겨진 백성들과 함께 살았다.

유다 총독 그다랴

7-8 바빌론 왕이 아히감의 아들 그다랴를 이 땅의 총독으로
임명하고 바빌론에 포로로 끌려가지 않은 극빈자들과 그들
의 자녀들을 그에게 맡겼다는 소식을 듣자, 들판에 숨어 있
던 군지휘관과 부하들이 미스바로 와서 그다랴를 만났다.
그들은 느다냐의 아들 이스마엘, 가레아의 두 아들 요하난
과 요나단, 단후멧의 아들 스라야, 느도바 부족 에배의 아들
들, 마아가 사람의 아들 여사냐, 그리고 그들의 부하들이다.
9 사반의 손자요 아히감의 아들인 그다랴가 그들에게 약속
했다. "그대들은 갈대아 관리들을 두려워하지 않아도 되오.
여기, 이 땅에 머물러 살면서 바빌론 왕을 섬기시오. 그러면

모든 일이 다 잘될 것이오.
10 나는 여기 미스바에 머물면서, 갈대아 사람들이 오면 그
들 앞에서 그대들을 변호하겠소. 그대들은 땅을 돌보는 일
을 맡아 주시오. 포도주를 만들고 여름 과실을 수확하고
올리브기름을 짜는 일을 맡으시오. 그것들을 도기 그릇에
넣어 잘 저장하고, 어느 성읍이든 그대들이 차지한 곳에 정
착해 사시오."
11-12 모압과 암몬과 에돔과 여러 나라로 피신했던 유다 사람
들도 바빌론 왕이 유다에 소수의 생존자들을 남겨 두고, 사
반의 손자요 아히감의 아들인 그다랴를 총독으로 세웠다는
소식을 들었다. 그들 모두 흩어졌던 곳에서 다시 유다로 돌
아오기 시작했다. 그들은 유다 땅 미스바의 그다랴에게 와
서 일을 시작했고, 막대한 양의 포도주와 여름 과실을 거두
어들였다.

13-14 어느 날 가레아의 아들 요하난과 오지에 숨어 있던 군
지휘관들이 미스바에 있는 그다랴를 찾아와 말했다. "아니,
모르신단 말입니까? 암몬 왕 바알리스가 총독님의 목숨을
빼앗으려고 느다냐의 아들 이스마엘을 보냈습니다." 그러
나 아히감의 아들 그다랴는 그들의 말을 믿지 않았다.
15 가레아의 아들 요하난은 미스바에서 그다랴를 은밀히 만
나 말했다. "제가 가서 느다냐의 아들 이스마엘을 죽이도록

허락해 주십시오. 아무도 모르게 해치우겠습니다. 그 자가
총독님을 죽이고 이 나라를 큰 혼란에 빠뜨리려는 것을 그
냥 보고만 있을 수는 없습니다. 총독께서 돌보시는 백성이
다 흩어지고 유다의 남은 자들마저 모두 망할 텐데, 그저 가
만히 있을 수는 없지 않습니까?"
16 그러나 아히감의 아들 그다랴는 가레아의 아들 요하난에
게 말했다. "그래서는 안되오. 이것은 명령이오. 그대는 이
스마엘에 대해 헛소문을 퍼뜨리고 있구려."

41

1-3 일곱째 달에, 엘리사마의 손자요 느다냐의
아들인 이스마엘이 도착했다. 그는 왕족이며
왕의 대신이기도 했다. 그가 부하 열 명을 데리고 미스바에
있는 아히감의 아들 그다랴를 찾아왔다. 그들이 같이 식사
를 하는데, 이스마엘과 그가 데리고 온 열 명의 부하들이 갑
자기 일어나서 그다랴를 때려눕히고, 바빌론 왕이 그 땅의
총독으로 임명한 그를 죽였다. 또 이스마엘은 그다랴와 함
께 미스바에 있던 유다 사람들을 모조리 죽이고, 거기 주둔
하고 있던 갈대아 병사들까지 죽였다.
4-5 그다랴가 살해된 다음 날—아직 아무도 그 사실을 몰랐
다—수염을 깎고 옷을 찢고 몸에 상처를 낸 사람들 여든 명
이 세겜과 실로와 사마리아에서 왔다. 그들은 곡식 제물과 향
료를 들고 예루살렘 성전에 예배하러 가는 순례자들이었다.

6 느다냐의 아들 이스마엘이 미스바에서 나와, 보라는 듯이
울며 그들을 영접했다. 그는 그들에게 인사를 건넨 다음, 안
으로 초대했다. "들어오셔서 아히감의 아들 그다랴를 만나
시지요."
7-8 그러나 순례자들이 도성 안으로 들어선 순간, 느다냐의
아들 이스마엘과 그의 심복들이 그들을 무참히 죽여 시신
을 물웅덩이 속에 던져 버렸다. 그런데 그들 가운데 열 사람
은 기지를 발휘해 그 상황을 모면했다. 그들은 이렇게 말하
며 이스마엘과 흥정을 벌였다. "우리를 죽이지 마시오. 우
리 밭에는 밀과 보리와 올리브기름과 꿀을 숨겨 놓은 비밀
창고가 있소." 그러자 이스마엘이 그들을 죽이지 않고 살려
두었다.
9 이스마엘이 시신들을 물웅덩이에 던진 것은 그다랴 시해
사건을 은폐하기 위해서였다. 그 물웅덩이는 아사 왕이 이스
라엘 왕 바아사의 공격에 맞서 싸울 때 만들어졌는데, 느다
냐의 아들 이스마엘은 그 웅덩이를 시신으로 가득 채웠다.
10 그러고 나서 이스마엘은 왕의 딸들을 비롯해 미스바의 모
든 사람들, 경호대장인 느부사라단이 아히감의 아들 그다랴
에게 맡긴 모든 사람들을 죄수로 삼았다. 느다냐의 아들 이스
마엘은 그들을 포박해 끌고 가서 암몬 땅에 넘기려고 했다.
11-12 가레아의 아들 요하난과 그와 같이 있던 군지휘관들이
느다냐의 아들 이스마엘이 저지른 극악무도한 일을 전해 들
었다. 그들은 즉시 느다냐의 아들 이스마엘을 잡으러 출동했

다. 그들은 기브온에 있는 큰 못 근처에서 그와 맞닥뜨렸다.
13-15 이스마엘에게 잡혀 미스바에서 끌려온 이들은 가레아
의 아들 요하난과 지휘관들을 보고 그들의 눈을 의심했다.
그들은 기뻐 어쩔 줄 몰랐다! 그들은 가레아의 아들 요하난
의 주위로 모여 고향 쪽으로 다시 길을 잡았다. 그러나 느다
냐의 아들 이스마엘은 요하난을 피해 달아났고, 부하 여덟
명과 함께 암몬 땅으로 넘어갔다.
16 가레아의 아들 요하난과 군지휘관들은, 느다냐의 아들 이
스마엘이 아히감의 아들 그다랴를 살해하고 미스바에서 잡
아온 사람들—남자와 여자와 아이와 내시들—모두를 기브
온에서 데려왔다.
17-18 그들은 갈대아 사람들을 피하기 위해 즉시 이집트를 향
해 떠났다가, 도중에 베들레헴 근처 게롯김함에서 쉬었다.
그들은 바빌론 왕이 그 지방 총독으로 임명한 아히감의 아
들 그다랴를 느다냐의 아들 이스마엘이 살해한 일로 갈대아
사람들이 어떤 보복을 할지 몰라 두려워했다.

백성이 예레미야에게 기도를 부탁하다

42 1-3 가레아의 아들 요하난과 호사야의 아들 여
사냐를 비롯한 모든 군지휘관이, 낮은 자에서
높은 자에 이르는 온 백성을 이끌고 예언자 예레미야를 찾
아와 말했다. "간청이 있습니다. 부디 들어주십시오. 우리
남은 자들을 위해 당신의 **하나님**께 기도해 주십시오. 보시

다시피, 우리는 이렇게 적은 수만 살아남았습니다! 당신의
하나님께서 우리가 어디로 가며 무엇을 해야 할지 알려 주
시도록 기도해 주십시오."
4 예언자 예레미야가 말했다. "잘 알아들었습니다. 여러분
의 간청대로, 내가 여러분의 **하나님**께 기도하겠습니다. **하
나님**께서 무슨 말씀을 하시든지, 그대로 전해 드리겠습니
다. 아무것도 숨기지 않고 다 알려 드리겠습니다."
5-6 그들이 예레미야에게 말했다. "참되고 신실한 증인이신
하나님 앞에서 맹세합니다. 우리는 **하나님**께서 당신을 통
해 우리에게 하시는 말씀을 따르겠습니다. 그 내용이 좋든
지 싫든지, 모두 따르겠습니다. 우리 **하나님**께서 무슨 말씀
을 하시든지 순종하겠습니다. 우리를 믿어 주십시오. 우리
는 반드시 그렇게 할 것입니다."
7-8 열흘 후에, **하나님**의 **메시지**가 예레미야에게 임했다. 그
가 가레아의 아들 요하난과 모든 군지휘관과 지위고하를
막론한 온 백성을 한자리에 불러 모았다.
9-12 예레미야가 말했다. "이스라엘의 하나님의 **메시지**입니
다. 여러분이 나를 보내 여러분의 간구를 전해 달라고 간청
했는데, 그분께서 말씀하십니다. '너희가 이 땅에 머물며 살
기로 각오하면, 내가 너희를 세워 줄 것이다. 너희를 허물어
뜨리지 않을 것이다. 너희를 심되, 잡초처럼 뽑아 버리지 않
을 것이다. 내가 재앙을 내렸지만 내가 너희를 불쌍히 여기
니, 너희는 바빌론 왕을 두려워하지 않아도 된다. 그럴 필요

가 없다. 내가 너희 편이며, 그가 어떻게 하든지 내가 너희
를 구하고 건져 줄 것이기 때문이다. 내가 너희에게 자비를
쏟아부을 것이다. 바빌론 왕은 너희에게 자비를 베풀 것이
다! 너희가 고향 땅으로 돌아가도록 허락해 줄 것이다.
13-17 그러니 "우리는 이곳에 머물 생각이 전혀 없습니다"라
는 말은 하지 마라. 너희 **하나님**의 명령에 순종하기를 거부
하지 마라. "아닙니다! 우리는 평화로운 이집트로 달아날
것입니다. 전쟁도, 적의 공격도 없고 먹을 것이 풍부한 그
곳으로 가겠습니다." 너희가 이렇게 말하고 유다의 남은 자
들이 그 길로 내려가고자 한다면, 무슨 일이 있을지 **하나님**
의 **메시지**에 귀 기울여라. 만군의 **하나님**이 말한다. 만일 너
희가 이집트로 가서 그곳을 고향 삼아 살 작정이라면, 명심
하여라. 너희가 두려워하던 전쟁이 이집트에서 너희를 덮치
고, 너희가 두려워하던 기근이 이집트에서 너희를 괴롭힐
것이다. 너희는 그 땅에서 죽을 것이다! 이집트를 고향 삼아
살려고 작정한 자들은 거기서 최후의 한 사람까지 모두 칼
에 맞아 죽거나, 굶어 죽거나, 병들어 죽을 것이다. 한 사람
도 살아남지 못할 것이다! 내가 너희에게 내리는 재앙은 누
구도 피해 가지 못한다.
18 만군의 **하나님**, 이스라엘의 하나님의 **메시지**다. 내가 분노
와 진노로 예루살렘 주민들을 쓸어버렸듯이, 이집트에서도
같은 일을 행할 것이다. 너희는 악담과 욕설과 조롱과 조소
의 대상이 될 것이고, 다시는 고향 땅을 볼 수 없을 것이다.'

19-20 유다의 남은 여러분, **하나님**께서는 여러분에게 '이집트
로 돌아가지 말라'고 분명히 말씀하셨습니다. 더없이 분명
히 말씀하셨습니다. 이 자리에서 여러분에게 경고합니다.
여러분은 지금 헛된 꿈을 꾸고 있습니다. 여러분은 치명적
인 실수를 범하려고 합니다.
여러분은 나를 여러분의 **하나님**께 보내며, '우리를 위해 우
리 **하나님**께 기도해 주십시오. **하나님**께서 하시는 모든 말
씀을 전해 주십시오. 무슨 말씀을 하시든지 따르겠습니다'
하고 말하지 않았습니까?
21-22 이제 내가 여러분에게 알려드렸습니다. 그분의 말씀을
전부 전했습니다. 그런데 여러분은 여러분의 **하나님**께서 나
를 보내어 여러분에게 하신 말씀에, 단 한 마디도 순종하지
않았습니다. 이제 나는 여러분 앞에 무슨 일이 놓여 있는지
말하겠습니다. 여러분은 이제 가서 살려고 하는 그 꿈의 나
라에서 칼에 맞아 죽고, 굶어 죽고, 병들어 죽을 것입니다."

예레미야가 이집트로 끌려가다

43 1-3 예레미야가 **하나님**께서 모든 백성에게 전
하라고 하신 **메시지** 곧 모든 말씀 전하기를 마
치자, 호사야의 아들 아사랴와 가레아의 아들 요하난이 잘
난 체하는 자들을 등에 업고서 예레미야에게 말했다. "거
짓말이오! 우리 **하나님**께서 이집트로 가서 살지 말라는 메
시지를 당신더러 전하라고 하셨을 리 없소. 이 일의 배후

에 네리야의 아들 바룩이 있는 거요. 그 자가 당신을 부추겨 우리를 대적하게 한 거요. 바빌론 사람들의 계략에 말려든 그 자 때문에, 우리는 그들 손에 죽거나 바빌론으로 끌려가게 될 거요."

4 가레아의 아들 요하난과 군지휘관들 그리고 백성들까지도 유다 땅에 머물러 살라는 **하나님**의 **메시지**에 순종하지 않았다.

5-7 가레아의 아들 요하난과 군지휘관들은 사방으로 흩어졌다가 다시 돌아온 유다의 남은 자들 전부와, 모든 남자와 여자와 아이들과 왕의 딸들, 경호대장 느부사라단이 사반의 손자요 아히감의 아들인 그다랴에게 맡긴 자들, 예언자 예레미야와 네리야의 아들 바룩까지 데리고서 이집트 땅으로 들어갔다. 그들은 **하나님**의 **메시지**를 정면으로 거부했다. 그리고 도성 다바네스에 도착했다.

8-9 다바네스에 있을 때, **하나님**의 말씀이 예레미야에게 임했다. "큰 돌 몇 개를 들고 가서, 다바네스에 있는 바로의 전용 건물로 이어지는 포장도로 부근에 진흙으로 그것들을 묻어라. 반드시 유다 사람들 몇몇이 지켜보는 앞에서 그렇게 하여라.

10-13 그러고 나서 그들을 향해 전하여라. '만군의 **하나님**께서 말씀하신다. 두고 보아라! 내가 사람을 보내어 바빌론 왕 느부갓네살—그는 내가 부리는 종이다!—을 이리로 불러올 것이다. 그가 와서 내가 여기 묻은 이 돌들 위에 자기 보좌

를 세우고, 그 위로 천막을 칠 것이다. 그가 와서 이집트를 결딴내고, 모두를 각자 주어진 운명대로 다룰 것이다. 죽을 자는 죽을 것이고, 끌려갈 자는 끌려갈 것이며, 학살당할 자는 학살을 당할 것이다. 그가 이집트 신전에 불을 놓을 것이다. 그 안에 있는 신들은 불태우거나 전리품으로 가져갈 것이다. 목동이 자기 옷에서 이를 털어 내듯이, 그가 이집트를 이 잡듯 털어 버릴 것이다. 그러고는 아무 제지도 받지 않고 떠나갈 것이다. 그는 이집트 '태양의 집'에 있는 신성한 오벨리스크를 박살내고, 이집트 신전들을 땔감 삼아 거대한 불을 피울 것이다.'"

이집트 땅의 유다 사람에게 하신 말씀

44 1-6 이집트 땅에 사는 모든 유다 사람, 곧 믹돌과 다바네스와 놉과 바드로스 땅에 정착해 사는 자들을 두고 예레미야에게 임한 **메시지**다. "만군의 **하나님**, 이스라엘의 하나님이 말한다. 너희는 내가 예루살렘과 유다 성읍에 내린 끔찍한 재앙을 두 눈으로 똑똑히 보았다. 그곳이 지금 어떻게 되었느냐? 잿더미뿐인 폐허, 유령마을이 되었다. 이는 그들이 악한 길을 따르고 유행하는 신들—그들도 너희도, 너희 조상도 알지 못하는 우상들—을 좇으며, 그것들에 제물을 바치고 예배하여 나를 진노케 했기 때문이다. 나는 아침부터 밤늦게까지 날마다 너희 곁을 떠나지 않고, 내 종 예언자들을 너희에게 보내어 간청했다. '제

발, 그만두어라. 내가 너무나 혐오하는 짓, 역겨운 우상숭
배를 그만두어라.' 그러나 어떠했느냐. 누구 하나 귀 기울여
듣거나 악에서 돌이켜 우상숭배를 그친 자가 있더냐? 한 사
람도 없다. 그래서 나는 유다 성읍과 예루살렘 거리에 나의
불같은 진노를 쏟아부어, 잿더미 폐허로 만들어 버렸다. 지
금도 그곳은 잿더미뿐인 폐허 그대로다.
7-8 만군의 **하나님**, 이스라엘의 하나님의 **메시지다**. 어찌하
여 너희는 너희 자신을—남자나 여자나 아이나 아기들 모
두—생명의 길에서 끊어 내고, 스스로를 고립시켜 너희 삶
을 파멸시키려는 것이냐? 왜 살기 위해 들어온 이집트 땅에
서 우상들에게 제물을 불살라 바치며 나를 진노케 하느냐?
그것은 너희 자신을 파괴하는 일이며, 땅의 모든 민족에게
너희 자신을 저주의 표본으로, 조롱의 대상으로 내세우는
일이다.
9-11 너희는 너희 조상이 저지르던 악행과, 유다 왕과 왕비들
이 저지른 악행을 잊었단 말이냐? 너희 자신과 너희 아내의
악행, 유다 땅과 이스라엘 거리에서 벌이던 악행을 벌써 다
잊었단 말이냐? 오늘까지도 너희 중에는 일말의 양심의 가
책을 느끼는 자가 없다. 최소한의 경외심이라도 보이는 자,
내가 말한 대로 살려는 자, 내가 너희와 너희 조상에게 분명
하게 제시한 가르침대로 살려는 자가 하나도 없다! 그러므
로 만군의 **하나님**이 내리는 포고다.
11-14 각오하여라! 내가 너희에게 재앙을 내려, 유다와 관련

된 자들을 모두 없애 버리기로 결정했다. 유다의 남은 자들, 이집트에 가서 살기로 결정한 그들 모두를 내가 잡아다가 끝장내 버릴 것이다. 그들 모두 이집트에서 칼에 맞아 죽거나, 굶어 죽을 것이다. 이름 있는 사람이든 이름 없는 사람이든, 다 같은 운명에 처할 것이다. 신분이 높은 자든 낮은 자든, 모두 살해당하거나 굶어 죽을 것이다. 너희는 결국 악담과 욕설과 조롱과 조소거리가 될 것이다. 내가 전에 예루살렘 거주민들에게 내렸던 처방을 이집트에 거주하는 그들에게도 내릴 것이다. 학살과 기근과 염병이 바로 그것이다. 용케 살아서 유다를 빠져나와 이집트로 도망친 자들 가운데, 그들이 그토록 그리워하는 유다로 돌아갈 자는 소수에 불과할 것이다. 몇몇 도망자들을 제외하면 누구도 돌아가지 못할 것이다."

15-18 자기 아내들이 우상에게 제물을 불살라 바치고 있다는 것을 알고 있던 남자들이 큰 무리의 여자들과 합세하여, 이집트의 바드로스에 사는 거의 모든 자들과 함께 예레미야를 찾아와 말했다. "우리는 당신이 **하나님**의 **메시지**라며 전하는 말에 전혀 개의치 않겠소. 우리는 '하늘 여왕님'께 제물을 불살라 바치고 술 제물을 부어 바치는 일을 계속할 거요. 예전에 좋았던 시절에 우리 조상과 왕과 고관들이 유다 성읍과 예루살렘 거리에서 하던 그 전통을 지킬 것이오. 그 시절에 우리는 유복했소. 먹을 것도 많았고, 살림살이도 넉넉했

고, 불운한 일도 없었소. 그러나 '하늘 여왕님'께 제물을 불
살라 바치고 술 제물을 부어 바치는 일을 그만둔 뒤로 모든
것이 엉망이 되었소. 그 후로 우리가 얻은 것이라고는 학살
과 기근뿐이오."
19 그러자 여자들이 맞장구를 쳤다. "맞습니다! 우리는 '하
늘 여왕님'께 제물을 불살라 바치고 술 제물을 부어 바치는
일을 계속할 겁니다. 우리 남편들도 응원해 주지 않습니까?
남편들은 우리가 여신 과자를 만들고 여신께 술 제물을 부
어 바치는 것을 좋아합니다."

20-23 예레미야는 거만하게 대답하는 그들 모두와 맞서 목청
을 높여 말했다. "여러분과 여러분의 부모들, 여러분의 왕
과 고관과 일반 백성 모두가 유다 성읍과 예루살렘 거리에
서 바쳤던 그 제사를 **하나님**께서 보시지 않았겠습니까? 물
론, 그분은 주목하여 보셨습니다. 그래서 더는 참으실 수가
없었습니다. 여러분의 악한 행실과 역겨운 행위들을 더는
참아 주실 수가 없었던 것입니다. 그리하여 여러분의 땅이
황무지와 폐허와 으스스한 유령마을이 되었고, 지금도 그
곳은 그 상태로 있습니다. 여러분에게 이 재앙이 닥친 것은,
제물을 불살라 바치는 제사를 그만두지 않았기 때문입니다.
여러분이 **하나님**께 죄를 지었기 때문입니다! 여러분은 그
분의 말씀에 순종하기를 거부했고, 그분의 가르침대로 살지

않았으며, 언약의 조건들을 무시했습니다."
24-25 예레미야가 이번에는 특별히 여자들을 향해 말을 이었
다. "이집트에 살고 있는 유다 백성 여러분, 들으십시오. 부
디 **하나님**의 말씀에 귀 기울이십시오. 만군의 **하나님**, 이스
라엘의 하나님께서 말씀하십니다. '너희, 여자들아! 과연 말
한 대로 행했구나. 너희는 말했다. "우리는 '하늘 여왕님'께
제물을 불살라 바치고 술 제물을 부어 바치기로 한 서약을
계속해서 지킬 겁니다. 누구도 우리를 막을 수 없습니다!"
25-27 좋다. 계속 그렇게 해보아라. 너희 서약을 지킬 테면 지
켜 보아라. 그러나 **하나님**이 유다를 떠나 이집트에 사는 너
희 모두에게 하는 말도 귀담아들어라. **하나님**이 말한다! 내
가 나의 큰 이름과 나의 전부를 걸고 맹세하는데, 이후로는
이집트 전역에서 서약할 때 "주 **하나님**께서 살아 계심을 두
고 맹세하는데"라며 내 이름을 부르지 못할 것이다. 내가 너
희를 위해 재앙을 준비했다. 이제 너희는 죽은 목숨이나 다
름없다.
27-28 이집트에 사는 유다 사람들은 대학살과 기근으로 전멸
할 것이다. 살아서 이집트를 빠져나가 유다로 돌아갈 사람
은 극소수에 불과할 것이다. 유다를 떠나 이집트에 살려고
온 불쌍한 무리들은, 그때가 되어서야 모든 일의 최종 결정
권이 누구에게 있는지 깨닫게 될 것이다.
29-30 내가 증거를 보여주리라. 바로 이곳에 벌을 내려, 나의
재앙 선포가 빈말이 아니라는 것을 보여주겠다. 재앙의 표

징이 있을 것이니 두고 보아라. 나는 느부갓네살에게 유다
왕 시드기야를 넘겨준 것처럼, 이집트 왕 바로 호브라를 그
의 목숨을 노리는 원수에게 넘겨줄 것이다.'"

하나님께서 바룩에게 구원을 약속하시다

45

1 여호야김 사년 어느 날에, 바룩이 예레미야의
말을 받아 적고 있을 때 예언자 예레미야가 그
에게 말했다.
2-3 "바룩, **하나님** 이스라엘의 하나님께서 그대에게 하시는
말씀이오. 그대는 '이 무슨 고생인가! **하나님**께서 나를 첩첩
산중으로 가게 하시는구나. 끝이 보이지 않는 이 길, 이제
지쳤다' 말하지만,
4-5 **하나님**께서는 이렇게 말씀하시오. '주위를 둘러보아라.
내가 지었던 것을 내가 허물고, 내가 심었던 것을 내가 뽑아
버릴 것이다. 어디에서든—세상 전역에서!—나는 그렇게
할 것이다. 그러므로 스스로 거창한 계획을 세울 생각은 마
라. 상황이 호전되기 전에 악화일로를 걸을 것이다. 그러나
걱정하지 마라. 이 모든 일 가운데 내가 너를 끝까지 지켜
살아남게 할 것이다.'"

이집트에 내리신 예언

46

1 이방 민족들에 대해 **하나님**께서 예언자 예레
미야를 통해 주신 **메시지**다.

2-5 유다 왕 여호야김 사년에, 유프라테스 강 근처 갈그미스
에 진을 쳤다가 바빌론 왕 느부갓네살에게 패배한 이집트와
이집트 왕 바로 느고의 군대를 향한 메시지다.

"'전투 준비!
출격이다!
말에 마구를 채워라!
안장을 얹고 올라타라!
전열을 갖추어라! 투구를 쓰고,
창날을 갈고, 완전무장하여라!'
그런데, 이 무슨 광경인가?
모두 겁에 질려 제정신이 아니다!
대열에서 이탈하여 줄행랑을 친다.
그들의 용사들, 공황 상태다.
이리 뛰고 저리 뛰고,
이리로 우르르, 저리로 우르르.
대혼란, 엉망진창이다. 사방이 적이다!"
하나님의 포고다.

6 "제아무리 발 빨라도 도망치지 못한다.
제아무리 힘세어도 달아나지 못한다.
저 북쪽 나라, 유프라테스 강가에서
비틀거리다 쓰러진다.

7-9 범람하는 나일 강 같은 저것이 무엇이냐?
격류 같은 저것은?
이집트다. 범람하는 나일 강 같고,
격류 같은 그 자가
말한다. '내가 세상을 다 차지하리라.
모든 도성과 민족을 싹쓸이하리라.'
군마들아, 달려라!
병거들아, 질주하여라!
방패를 들고 구스와 붓에서 온 용사들아,
루드에서 온 활잡이들아,
진격하여라!

10 그러나 어쩌랴. 오늘은 너희 날이 아니다.
오늘은 주의 날, 나 만군의 **하나님**의 날,
내가 적들을 끝장내 버리는 날,
나의 칼이 적들을 결딴내고
나의 칼이 복수를 행하는 날이다.
저 북방 대국,
강력한 유프라테스 강가에서
나 주 만군의 **하나님**이
그들을 제물로 잡을 것이다. 거대한 희생 제사가 되리라!

11-12 오, 처녀 딸 이집트야,

길르앗 산지로 올라가, 약제 유향을 구해 보아라.
그러나 백약이 무효일 것이다.
너의 고통을 치유할 수 있는 것은 아무것도 없다.
온 세상이 너의 신음소리를 들으리라.
너의 울음소리가 온 땅에 울려 퍼지리라.
용사들이 쓰러지고, 겹겹이 쌓여
무더기를 이루리라."

13 바빌론 왕 느부갓네살이 이집트를 치러 길을 나섰을 때,
하나님께서 예언자 예레미야에게 주신 **메시지**다.
14 "이집트에 알려라. 믹돌에 위험을 알려라.
놉과 다바네스에 경보를 발하여라.
'일어나라! 전투 준비를 갖추어라!
전쟁이다!'

15-19 너의 황소 신 아피스가 왜 달아나겠느냐고?
하나님께서 쫓아 버리실 것이기 때문이다.
너의 오합지졸 군대가 박살나리라.
병사들이 다들 수군거린다.
'어서 여기를 빠져나가자.
고향으로 달아나 목숨을 부지하자.'
고향으로 돌아간 그들은, 바로를
'떠버리 불운아'라고 부르리라.

살아 있는 나 하나님을 두고 맹세한다."
그 이름이 만군의 **하나님**인 왕의 포고다.
"정복자가 올 것이다. 산들 위로 우뚝 솟은 다볼 산 같고,
바닷가에 불쑥 솟은 갈멜 같은 자가 올 것이다!
그러니 너희, 이집트의 응석받이 딸들아,
유배길을 위해 행장을 꾸려라.
곧 멤피스가 초토화되어,
잡초만 무성한 폐허로 변할 것이다.

20-21 정말 안됐구나, 이집트, 그 어여쁜 암송아지가
북녘에서 몰려오는 쇠파리 떼의 공격을 받다니!
자기를 보호하려고
살진 송아지들 같은 용병들을 고용했지만,
목숨이 위태로워지자 그들은 다 내뺀다.
하나같이 겁쟁이인 그들,
험한 길을 만나면
쉬운 길로 달아나 버린다.

22-24 적군이 대거 침입해 오면,
이집트는 뱀처럼 미끄러져 내뺄 것이다.
벌목꾼처럼
도끼를 휘두르며 몰려온 그들이
나라를 초토화시킬 것이다" **하나님**의 포고다.

"그 무엇도, 그 누구도 성치 못하리라.
침략자들은 수를 헤아릴 수 없는
메뚜기 떼 같으리라.
딸 이집트를, 북쪽에서 온 파괴자들이
강탈하고 겁탈하리라."

25-26 만군의 **하나님**, 이스라엘의 하나님께서 말씀하신다.
"내가 테에베의 신 아몬과, 이집트와 그 나라의 신과 왕들,
또 바로와 그를 믿는 모든 자들에게 재앙을 내릴 테니 잘 보
아라. 내가 그들의 목숨을 노리는 자들, 곧 느부갓네살과 그
의 군대의 손에 그들을 넘겨줄 것이다. 이집트는 천 년 전으
로 돌아가리라. 그러나 언젠가는 그 땅에 다시 사람들이 살
게 될 것이다." **하나님**의 포고다.

27-28 "나의 종 야곱아, 그러나 너는 두려워할 것 없다.
이스라엘아, 너는 걱정할 것 없다.
고개를 들어라! 내가 그 먼 나라에서 너를 구해 줄 것이다.
유랑의 땅에서 네 자녀를 데리고 나올 것이다.
야곱의 삶은 다시 정상을 되찾을 것이다.
안전과 평안을 누리며 만사가 순조로울 것이다.
그렇다. 나의 종 야곱아, 너는 두려워할 것이 전혀 없다.
마음 놓아라. 내가 너의 편이다.

내가 너를 내쫓아 여러 사악한 민족들 사이로 흩어 버렸
지만, 이제 그 민족들을 내가 끝장낼 것이다.
그러나 너는 망하지 않으리라.
아직 내게 할 일이 남아 있다.
나는 너를 공정하게 벌할 것이다.
그렇다. 너는 아직 내게 끝나지 않았다."

블레셋 사람들에게 닥칠 재앙

47

1-5 바로가 가사를 치기 직전, **하나님**께서 블레
셋 사람들에 대해 예언자 예레미야에게 주신 메
시지다. **하나님**께서 이렇게 말씀하신다.

"각오하여라! 북녘에서 물이 불어
범람하는 강물이 되리라.
그 격류가 땅을 덮쳐
도성과 주민을 휩쓸어 버릴 것이다.
공포에 질려 사람들이 비명을 지르고,
집집마다 통곡소리 들리리라.
군마들의 말발굽소리,
병거들의 요란한 바퀴소리가 지축을 흔들리라.
공포에 질린 아버지들은 손이 굳어
자기 아기를 붙잡지도 못하리라.
블레셋 사람들이 심판을 받아 모조리 멸망하는 날이다.

두로와 시돈이 도움을 얻을 가망은 아예 사라졌다.
하나님께서 블레셋 사람들과
크레타 섬에서 살아 나온 자들을 전부 쓸어버릴 것이다.
가사가 머리를 깎이고
아스글론이 말을 잃는다.
기진맥진한 너희,
자맥질을 얼마나 더 할 수 있겠느냐?

6 오, **하나님**의 칼이여,
언제까지 이렇게 하려는가?
다시 칼집에 들어가 다오.
이제 충분하지 않은가? 멈출 수 없는가?

7 어떻게 멈출 수 있겠느냐?
나 **하나님**이 명령을 내렸는데.
아스글론과 해변지역을 전부 베어 없애라고
내가 명령을 내렸는데."

모압의 멸망

48

1-10 만군의 **하나님**, 이스라엘의 하나님께서 모압에 대해 주신 **메시지**다.

"느보에게 재앙이 닥쳤다! 초토화되었다!

기랴다임이 치욕과 패배를 겪고,
철통 요새들이 모래성처럼 허물어졌다.
모압의 영광이 끝났다. 이제 재와 먼지뿐이다.
음모자들이 헤스본의 파멸을 도모한다.
'자, 모압을 아예 지도에서 없애 버리자.'
이어지는 살육을 겪으며
'똥 묻은 화상' 디몬이 목 놓아 통곡한다.
들어 보아라! 호로나임에서 들려오는 울부짖음을.
'참화다! 대재앙이다!'
모압이 박살날 것이다.
그 울부짖는 소리가 소알까지 또렷이 들려온다.
루힛의 오르막길을 오르며
사람들이 슬피 운다.
호로나임에서 내려오는 길도
다 빼앗기고, 유린당한 자들의 울음소리로 가득하다.
오, 살고 싶거든 도망쳐라! 어서 여기를 빠져나가라!
광야로 나가 어떻게든 살아남아라!
너희는 두꺼운 성벽과 든든한 재물을 믿었다.
그러나 어쩌랴?
이제 그런 것들은 너희에게 전혀 도움이 되지 못한다.
너희의 위대한 신 그모스가 질질 끌려갈 것이며,
그의 제사장과 감독자들도 같은 신세가 되리라.
파괴자의 손에 도성이 모조리 허물어지리라.

단 한 곳도 온전하지 못할 것이다.
골짜기 밭들이 황폐해질 것이요,
고원 목장들도 파괴될 것이다.
내가 말한 대로 모두 이루어지리라.
모압 땅 전역에 소금을 뿌려라.
다시는 생명이 자라지 못하게 하여라.
성읍들이 모두 유령마을이 될 것이다.
다시는 사람이 살지 못하리라.
하나님의 이름으로 하는 일을 정성껏 하지 않는 자,
심판의 칼을 마지못해 휘두르는 자는 저주를 받으리라.

11-17 꾸벅꾸벅 조는 강아지처럼
늘 팔자 좋았던 모압이다.
생계를 위해 일해야 했던 적 없고,
어려움을 겪어 본 적 없고,
어른이 되어야 했던 적 없으며,
땀 흘려 일해 본 적도 없다.
그러나 이제 다 지나간 이야기다.
내가 이제 그를 중노동에 처할 것이다.
그러면 그는 냉엄한 현실을 깨닫게 되리라.
그의 환상이 박살날 것이다.
과거 이스라엘이 자신들이 우러르던 베델의 송아지 신들 때문에 수치를 당했듯이,

모압도 그모스 신 때문에 수치를 당할 것이다.
너희 말이, '우리는 억세다.
이 세상 누구든지 때려눕힐 수 있다'고 하지만,
그런 말을 앞으로 얼마나 더 할 수 있을 것 같으냐?
모압의 파멸은 이미 시작되었다.
모압의 최고 젊은 용사들이 죽어 나자빠지고 있다."
그 이름 만군의 **하나님**인
왕의 포고다.
"그렇다. 모압의 파멸이 초읽기에 들어갔고,
재앙이 활시위를 떠나 과녁을 향해 날아가고 있다.
모압의 친구와 이웃들이여,
그가 얼마나 유명했는지 아는 모든 자들이여, 모압을 위해 울어라.
애곡하며 말하여라. '그 막강하던 왕의 홀이 이쑤시개처럼 부러지고 말았구나!
그 화려하던 지휘봉이!'

18-20 디본의 방자한 미녀들아, 이제 그 높은 자리에서 내려오너라.
개똥밭에 나앉아라.
모압을 파괴할 자가 와서 너희를 칠 것이다.
안전하다는 너희 가옥들을 그가 다 부수어 버릴 것이다.
아로엘의 방자한 여인들아,

길거리에 나가 서서,
피난민들에게 물어보아라.
'무슨 일입니까? 왜 도망을 갑니까?'
모압은 그저 수치스런 과거로, 폐허로 남을 것이다.
통곡하여라. 눈이 빠지도록 울어라!
아르논 강을 따라 비보를 전하여라.
온 세상에 모압의 멸망을 알려라.

21-24 고원의 도성들 위로 나의 심판이 임하리라. 홀론과 야
사와 메바앗에, 디본과 느보와 벳디블라다임에, 기랴다임과
벳가물과 벳므온에, 그리욧과 보스라와 모압 땅 원근 각처
모든 성읍에.

25 모압이 힘의 근원을 잃었다.
모압의 팔이 부러졌다." **하나님**의 포고다.

26-27 "모압이 술독에 빠지게 하여라. 내 진노의 포도주를 마
시고 취하여 사방에 토하며, 그 위를 뒹굴게 하여라. 이리저
리 비틀거리다 자빠지는 주정꾼 모압, 온 세상의 웃음거리
다. 모압아, 이제까지 이스라엘을 야비하게 놀리던 네가 아
니냐? 친구를 잘못 만나 고생하는 그들을 보고, 혀를 쯧쯧
차고 수군덕대며 비웃던 네가 아니냐?

28 모압에서 자란 너희여, 떠나라!
너희 마을을 떠나 절벽 틈에 거처를 잡아라.
강 협곡 높은 곳에 둥지를 틀고 사는
비둘기처럼 살아 보아라.

29-33 모압의 오만은 다들 들어 익히 아는 바다.
그 전설적인 교만,
젠체하며 으스대고 거들먹거리던,
구역질 나는 그의 오만함 말이다."
하나님의 포고다. "나는 모압의 큰소리가
그저 허풍이요, 그의 거드름은 허세에 불과함을 알고 있다.
하지만 내가 모압을 위해 울어 주리라.
그렇다. 내가 모압 백성을 위해 애곡할 것이다.
길헤레스 백성을 위해서도 애곡하리라.
내가 십마의 포도나무들을 위해 울겠고,
야스엘과 같이 울어 줄 것이다.
지금까지는 포도나무들이 사해까지
그 덩굴이 야스엘까지 뻗어 나갔지만,
잔인한 약탈자가 나타나
너희 여름 과일과 다 익은 포도를 싹쓸이할 것이다.
번창했던 모압에서
노래와 웃음이 사라지리라.
그렇다. 내가 술틀을 닫아 버리고,

수확하는 자들의 환호성을 중단시킬 것이다.

34 헤스본과 엘르알레가 울부짖겠고, 그 소리가 야하스까지
들릴 것이다. 소알에서부터 호로나임과 에글랏셀리시야에
이르기까지, 모두가 그 소리를 듣게 되리라. 니므림의 샘들
도 다 말라 버릴 것이다."
35 **하나님**의 포고다. "내가 모압의 높은 곳에 올라가, 신들
에게 제물을 불살라 바치던 일을 멈추게 할 것이다.
36 바람에 실려 오는 부드러운 피리소리처럼, 내 마음이 모
압과 길헤레스 사람들을 위해 슬피 운다. 그들은 모든 것을
잃었다. 남은 것이 하나도 없다.

37 어디를 가나 탄식의 몸짓들이다.
머리를 밀고, 수염을 깎고,
손에 상처를 내 피를 흘리며,
옷을 찢는 광경들이다.

38 모압의 집집마다, 모압의 거리마다 슬피 우는 소리가 들
린다. 아무도 좋아하지 않는 옹기그릇같이, 내가 모압을
부수어 버릴 것이다." **하나님**의 포고다.

39 "모압이 멸망했다!
수치를 당해 얼굴을 가리는 모압!

조롱거리가 된 모압!
실로 처참한 모압!"

40-42 모압을 향한 **하나님**의 평결이다. 과연 그렇다!

"보아라! 독수리가 날개를 펼치고
모압을 내리 덮칠 태세다.
적이 성읍들을 점령하고
요새들을 탈취한다.
용사들이 해산하는 여인처럼
고통으로 몸을 웅크리며, 싸울 엄두를 내지 못한다.
모압에는 아무것도 남지 않으리라. 아무것도.
나를 거슬러 오만하고 방자하게 굴었기 때문이다.

43-44 모압아, 네가 나와 맞서 얻을 것은
공포와 함정과 올가미뿐이다." **하나님**의 포고다.
"공포를 피해 도망치다가
함정에 빠질 것이다.
함정에서 올라오면
올가미에 걸릴 것이다.
이것이 재앙의 날,
내가 모압에 대해 정해 둔 예정표다." **하나님**의 포고다.

45-47 "헤스본 변두리에
피난민들이 기진하여 주저앉으리라.
헤스본에서 불꽃이 치솟고,
시혼의 수도에 불폭풍이 닥쳐온다.
불이 모압의 눈썹을 태우고,
허풍선이들의 두개골을 그슬려 버릴 것이다.
모압아, 이것이 네 앞에 놓인 전부다!
그모스를 숭배하는 너, 결국 망하여 죽을 것이다!
너의 아들들은 짐짝처럼 수용소로 실려 가고,
너의 딸들은 짐승처럼 포로로 끌려갈 것이다.
그러나 훗날, 내가 모압의 만사를 바로잡을 날이 올 것이다.

지금으로서는, 이것이 모압에 떨어질 심판이다."

암몬이 받을 심판

49

1-6 암몬 백성에 대한 **하나님**의 메시지다.

"이스라엘에게 자식이 없더냐?
유산을 상속할 자가 하나도 없더냐?
어찌하여 몰렉 신이 갓의 땅을 차지하고,
그의 추종자들이 그 성읍에 들어가 살고 있느냐?
그러나 오래가지 않을 것이다."
하나님의 포고다.

"내가 보낸 적군의 함성소리로,
암몬의 큰 도성 랍바가 귀를 틀어막을 날이 올 것이다.
암몬은 폐허 더미가 되고,
성읍들은 잿더미가 되리라.
그때 이스라엘이 자신의 침략자들을 발로 걷어차 내쫓을 것이다.
나 **하나님**의 말이다. 반드시 그렇게 될 것이다.
헤스본아, 통곡하여라. 아이 성이 멸망했다.
랍바의 성읍들아, 가슴을 쥐어뜯어라!
애곡의 옷을 걸치고, 눈물로 강을 이루어라.
이리 뛰고 저리 뛰며 발작을 일으켜라!
너희의 신 몰렉이 포로로 질질 끌려갈 것이며,
그의 제사장과 관리인들도 그렇게 될 것이다.
한때의 위세를 아직도 자랑하느냐?
이제 너는 아무짝에도 쓸모없는 퇴물에 불과하다.
화려했던 과거를 그리며 향수에나 젖어 사는 너,
아직도 '누가 나를 건드리랴' 하며, 공상에 빠져 있다니.
정신 차려라. 내가 너를 사방에서 공포와 직면하게 만들 것이다."
주 만군의 **하나님**의 말이다.
"너는 허둥지둥 달아나다가 흩어져,
다시는 모이지 못할 것이다.
그러나 장차 내가 암몬의 일을 바로잡아 줄 날이 올 것이다."

하나님의 포고다.

에돔이 받을 심판

7-11 에돔에 대한 만군의 하나님의 메시지다.

"그 유명한 데만에 현인이 한 사람도 없단 말이냐?
현실을 똑바로 볼 자가 하나도 없더냐?
그들의 지혜가 다 썩어 문드러졌느냐?
살고 싶거든 도망쳐라! 속히 달아나라!
드단에 사는 너희여,
몸을 숨길 곳을 찾아라!
내가 에서에게 재앙을 내릴 것이다.
이제 빚을 청산할 시간이다.
사람들이 밭에서 곡식을 거두어들일 때
이삭 정도는 남겨 둔다. 그렇지 않느냐?
집에 도둑이 들어도
원하는 것만 가져간다. 그렇지 않느냐?
그러나 나는 에서를 완전히 발가벗길 참이다.
구석구석 샅샅이 뒤져 다 찾아낼 것이다.
그의 자녀, 친척, 이웃을 비롯해
그와 관계된 모든 것을 멸할 것이다.
살아남아 네 고아들을 거두어 줄 자,
네 과부들을 보살펴 줄 자가

하나도 없으리라."

12-13 진실로 그렇다. **하나님**께서 말씀하신다. "들어 보아라.
마실 이유가 없어도 하나님의 진노의 잔을 마실 수밖에 없
는 사람들이 있다. 그런데 네가 어떻게 그 잔을 피할 수 있
겠느냐? 너는 결코 피하지 못한다. 너는 그 잔을 마시게 될
것이다. 그렇다. 한 방울도 남기지 않고 다 마시게 될 것이
다." **하나님**의 포고다. "또 너의 수도 보스라에 대해 말하
면, 나의 전부를 걸고 맹세하는데, 그 도성은 잿더미와 쓰레
기뿐인 역겨운 장소가 될 것이다. 거기 딸린 성읍들도 다 마
찬가지다."

14 내가 방금 **하나님**께로부터 들은 최신 소식이다.
그분이 뭇 민족들에게 특사를 보내어 말씀하셨다.
"군대를 소집하여라. 에돔을 쳐라.
무장을 갖추어라! 출정하여라!
15-16 아, 에돔이여,
내가 너를 민족들 가운데 말석으로 추락시켜,
바닥에서 이리 치이고 저리 치이게 만들 것이다.
너는 스스로 대단한 줄 안다.
역사의 무대 위를 으스대며 활보한다.
난공불락의 높은 바위 요새에 살면서,
산의 정상이라도 되는 것처럼 군다.

높은 곳에 둥지를 튼 독수리인 양,
세상이 다 네 발아래로 보이느냐?
두고 봐라. 너는 추락할 것이다.
내가 너를 바닥으로 곤두박질치게 만들 것이다." **하나님**의
포고다.

17-18 "에돔은 오물로 전락하리라. 악취 풍기는 역겨운 오물,
세상을 놀라게 하는 흉물이 되리라. 소돔과 고모라와 그 이
웃들처럼, 에돔도 역사의 시궁창에 처박힐 것이다." **하나님**
의 말씀이다.

"아무도 거기 살지 않을 것이며,
누구도 거기 머물지 않으리라.

19 잘 보아라. 먹이를 찾아
요단 강가 깊은 숲에서
푸른 목장으로 뛰어나오는 사자처럼,
내가 에돔에게 달려들어 덮칠 것이다.
아무거나 먹이로 골라잡을 것이다. 누가 나를 막을 수 있으랴?
에돔의 목자들은 나를 어찌하지 못한다."

20-22 그러니, **하나님**께서 에돔에 대해 세우신 계획, 데만 주
민에 대한 계획에 귀 기울여라.

"믿기지 않겠지만, 어린 것들이
—새끼 양과 새끼 염소들도—끌려갈 것이다.
믿기지 않겠지만, 모두들 그저
충격 가운데 무력하게 지켜볼 수밖에 없을 것이다.
그 울음소리에 땅이 요동하고,
그 울부짖는 소리, 멀리 홍해까지 들릴 것이다.
보아라! 하늘 높이 날던 독수리가
날개를 펼치고 보스라를 내리 덮친다.
산고 중인 여인처럼 용사들이
몸을 비틀며, 싸울 엄두를 내지 못하리라."

다마스쿠스가 받을 심판

23-27 다마스쿠스에 대한 **메시지다.**

"비보를 듣고
하맛과 아르밧이 충격에 휩싸일 것이다.
겁에 질려 간이 콩알만 해지고,
걱정근심에 안절부절 못하리라.
다마스쿠스의 얼굴에서 핏기가 가실 것이다.
달아나다가
발작을 일으켜 쓰러지고,
해산하는 여인처럼 아무것도 할 수 없으리라.
한때 유명하던 도성이, 한때 잘나가던 그 도성이,

전부를 잃고 모두에게 버림받은 외톨이가 되었다!
총명한 젊은이들이 거리에서 죽어 나가고,
용감한 전사들도 온데간데없다."
만군의 **하나님**의 포고다.
"그날에, 내가 다마스쿠스의 성벽에 불을 질러
벤하닷의 요새를 전부 태워 버릴 것이다."

게달과 하솔이 받을 심판

28-33 바빌론 왕 느부갓네살의 공격을 받은 게달과 하솔 민족
들에 대한 **하나님**의 **메시지**다.

"일어나라! 게달을 공격하여라!
저 동방 베두인 유목민들을 약탈하여라.
담요와 살림살이를 탈취하여라.
낙타를 빼앗아라.
'재앙이다! 죽음이다! 파멸이다!
사방이 위험천지다!' 하고 고함을 쳐 그들의 혼을 빼 놓아라.
오, 하솔에서 온 유목민들아,
살고 싶으면 어서 달아나라." **하나님**의 포고다.
"숨을 곳을 찾아라.
바빌론 왕 느부갓네살이
너희를 쓸어버리고,
야멸치게 몰아붙일 계획을 세웠다.

'그들을 뒤쫓아라.' 그가 말한다. '사막에서 태평하게,
문도 잠그지 않고
자기들끼리 살아가는 저들,
저 팔자 좋은 유목민들을 추격하여라.'
그들의 낙타, 거저먹기다.
그들의 소 떼와 양 떼, 가져가는 사람이 임자다.
내가 사막 가장자리에 사는 힘없는 유목민들을
사방으로 흩어 버릴 것이다.
내가 사방에서 공포가 들이닥치게 할 것이다.
그들은 무엇에 얻어맞는지도 알지 못하리라." **하나님**의
포고다.
"승냥이들이 하솔의 진영을 차지할 것이다.
그 땅에는 바람과 모래만 남으리라.
아무도 거기 살지 않고,
누구도 거기 머물지 않으리라."

엘람이 받을 심판

34-39 유다 왕 시드기야가 다스리기 시작할 무렵, 엘람을 두
고 예언자 예레미야에게 임한 **하나님**의 **메시지**다. 만군의
하나님께서 말씀하신다.

"지켜보아라! 내가 엘람의 주력 무기인 활을
내 무릎 위에서 꺾어 버리리라.

그러고는 사방, 땅의 네 귀퉁이에서
바람을 일으켜 엘람에게 불어닥치게 할 것이다.
내가 엘람 사람들을 사방으로 날려 보내
만방에 흩어 버리고, 거류민으로 살아가게 할 것이다.
그들은 목숨을 노리는 적들 사이에서
늘 공포와 두려움에 떨며 살게 될 것이다.
내가 그들에게 재앙을,
나의 진노로 타오르는 재앙을 내리리라.
내가 도살견을 풀어 그들을 쫓게 하여
아무도 살아남지 못하게 할 것이다.
그런 후에 엘람의 왕과 그 심복들을 내던져 버리고,
엘람에 나의 보좌를 세울 것이다.
그러나 장차 내가 엘람을 위해
모든 일을 바로잡을 날이 올 것이다." **하나님**의 포고다.

바빌론이 받을 심판

50

1-3 바빌론, 곧 갈대아 사람들의 땅에 대해 **하나님**께서 예언자 예레미야를 통해 주신 **메시지**다.

"만민에게 알려라! 선포하여라!
천하에 공표하고 만방에 전하여라.
바빌론이 함락되었고, 벨 신이 수치를 당해 고개를 들지 못한다.

마르둑 신이 사기꾼으로 드러났다.
모든 우상이 수치를 당해 쭈뼛쭈뼛거리고,
장난감 신들이 저급한 사기꾼들로 드러났다.
북방에서 한 민족이 쳐들어와,
도성들을 모두 폐허로 만들어 버릴 것이다.
모든 생명이—짐승도 사람도—끊어져,
소리 하나, 동작 하나, 호흡 하나 찾을 수 없을 것이다."

4-5 **하나님**의 포고다. "그날이 오고 그때가 이르면,
이스라엘 백성이 돌아오고,
그들과 더불어 유다 백성들도 돌아올 것이다.
울면서 걸어와, 그들의 **하나님**인 나를 찾을 것이다.
시온으로 가는 길을 묻고,
시온을 향해 길을 떠나리라.
그들이 와서는, 결코 잊을 수 없을 영원한 언약에 묶여
하나님 곁에 늘 꼭 붙어 있으리라.

6-7 나의 백성은 길 잃은 양 떼였다.
목자들이 그들을 잘못 이끌어서,
산속에 버리고 떠났다.
그들은 산으로, 언덕으로 헤매고 다녔다.
집으로 돌아가는 길을 잃고,
집에 대한 기억도 잃었다.

그들과 마주친 자들은 모두 그들을 착취했다.
적들은 전혀 양심의 가책을 느끼지 않았다.
그들은 말했다. '공평하지 않소? **하나님**을 등진 자들이니 말이오.
그들은 자신들의 참된 목장이신 분, 조상 대대로 소망이었던 분을 저버렸소.'

8-10 그러나 이제, 어서 빨리 바빌론을 탈출하여라.
바빌론에서 빠져나가라.
네 길을 가라. 좋은 목양견들이 앞장을 서겠지만, 그들을 따라가지 마라.
너희가 앞장서 가라!
내가 지금 일으키는 일이 보이느냐?
바빌론을 칠 민족들을 규합하고 있다.
그들이 북녘에서 쳐들어와,
바빌론을 정복할 것이다.
오, 그들은 싸움에 능한 군대다.
빈손으로 돌아가는 법이 없는 자들이다.
바빌론은 무르익은 열매다!
모두들 배 터지게 따먹을 것이다!" **하나님**의 포고다.

11-16 "바빌론 사람들아, 너희는 지금까지 참 좋은 시절을 보냈다. 그렇지 않느냐?

내 백성을 착취하고 이용하면서, 그동안 잘 먹고 잘살았다.
너희는 푸른 초원을 까불며 뛰어다니는 송아지 같았고,
넓은 들판을 마구 달리며 즐기는 야생마 같았다!
그러나 너희는 너희 어머니의 자랑이 되지 못하리라.
너희를 낳아 준 여인의 기쁨이 되지 못하리라.
지금 너희 꼴을 보아라! 아무 볼 것 없는 민족!
잡석과 쓰레기와 잡초뿐인 곳!
나의 거룩한 진노로 생명이 사라지고,
죽음과 공허뿐인 사막이 되었다.
바빌론을 지나는 자들은 그 몰락을 목격하고,
놀라서 말을 잊고 고개를 절레절레 흔들 것이다.
다 함께 바빌론에게 달려들어라! 꼼짝 못하게 만들어라!
있는 힘을 다해 두들겨 패라.
젖 먹던 힘까지 다 써라. 완전히 때려눕혀라.
바빌론은 죄인이다. 오, 내게 얼마나 큰 죄를 지었던가!
사방을 에워싸고 함성을 질러라.
바빌론은 싸울 의지를 다 잃었다.
방어진이 허물어졌고,
성벽들이 무너져 내렸다.
작전명 '**하나님**의 복수'를 수행하여라.
복수를 퍼부어라!
그가 행한 대로 갚아 주어라.
똑같이 해주어라!

농장들을 파괴하고, 농부들을 죽이고,
밭을 못쓰게 만들고, 곳간을 털어라.
포로로 잡혀와 있는 너희는,
이 파멸의 폭풍을 피해 어떻게든 빠져나가라.
속히 고국으로 도망쳐라."

17 "이스라엘은
사자들에게 쫓겨 흩어진 양 떼다.
앗시리아 왕이 처음 시작한
이 살육을,
바빌론 왕 느부갓네살이 완수하여
뼈까지 다 갉아먹었다."

18-20 그러나 이제, 만군의 **하나님**,
이스라엘의 하나님께서 말씀하신다.
"자 보아라! 내가 바빌론 왕과 그의 땅에 재앙을 내릴 것이다.
앗시리아 왕에게 내렸던 것과 똑같은 재앙을 내리리라.
그러나 이스라엘은 비옥한 목초지로 다시 데려올 것이다.
그가 갈멜과 바산의 언덕에서 풀을 뜯고,
에브라임 비탈길과 길르앗에서
마음껏 먹을 것이다."
하나님의 포고다. "그날이 오고 그때가 이르면,

이스라엘의 허물을 찾아 구석구석 뒤져도, 아무것도 찾지
못할 것이다.
유다의 죄를 찾아 샅샅이 살펴도, 하나도 발견하지 못할 것
이다.
내가 구원한 그들은 과거를 청산하고 새 출발하게 될 것이다."

21 "반역자들의 땅 므라다임을 공격하여라!
파멸의 나라 브곳을 습격하여라!
그들을 추격하여라. 모조리 쓸어버려라." **하나님**의 포고다.
"이는 내 명령이다. 내가 이르는 대로 하여라.

22-24 전쟁의 함성소리가
지축을 흔든다!
망치였던 자가
두들겨 맞아 박살이 났다.
바빌론이
형체를 알아볼 수 없을 정도로 얻어터졌다.
내가 올가미를 놓았으니, 네가 걸려들었다.
오, 바빌론이여, 억센 올가미에 걸려
옴짝달싹 못하고 당하기만 했다!
네가 **하나님**께 맞선 대가다.

25-28 나 **하나님**이 나의 병기고 문을 열고,
진노의 무기들을 꺼내 들었다.
주 만군의 **하나님**이
바빌론에서 할 일이 있다.
사방에서 그를 덮쳐라!
그 곡창지대로 쳐들어가라!
그를 장작더미에 올려 불태워라.
아무것도 남기지 마라! 아무도 살려 두지 마라!
그 불량아들을 다 잡아 죽여라.
모조리 파멸시켜라!
파멸! 그렇다. 파멸의 날이다!
이제 그들의 명이 다했다.
놀라지 마라.
바빌론을 탈출한 자들, 거기서 도망쳐 나온 자들이
시온에 나타나 **하나님**의 보복 소식을 전하리라.
하나님의 성전을 위한 복수였다고.

29-30 바빌론을 칠 병력을 소집하여라.
활을 쏠 수 있는 자는 다 불러 모아라!
올가미를 죄어라!
빠져나갈 구멍을 남기지 마라!
받은 그대로 돌려주고,
당한 그대로 똑같이 갚아 주어라!

그는 오만했다. 감히 **하나님**,
'이스라엘의 거룩한 이' 앞에서 방자하게 굴었다.
이제 그 대가를 치른다. 젊은이들이 죽어 길거리에 나뒹굴고,
용사들은 죽어 간데없다." **하나님**의 포고다.

31-32 "이제 알겠느냐? 교만의 화신이여, 내가 너의 적이다!"
주 만군의 **하나님**의 포고다.
"너의 때가 되었다.
그렇다. 파멸의 날이 이르렀다.
교만의 화신이 고꾸라질 것이다.
아무도 붙잡아 일으켜 주지 않으리라.
내가 그의 성읍들에 불을 놓을 것이다.
그 불이 들불처럼 퍼져 온 나라에 번지리라."

33-34 만군의 **하나님**께서 연이어 말씀하신다.

"이스라엘 백성이 두들겨 맞았고,
유다 백성도 그렇다.
압제자들이 억센 손아귀로 꽉 잡고
그들을 놓아주지 않는다.
그러나 강한 구원자가 있으니,
바로 만군의 **하나님**이다.

그렇다. 내가 그들 편에 설 것이다.
내가 가서 그들을 구조하고,
내가 그들의 땅을 진정시켜 주리라.
그러나 바빌론 백성은 내가 손볼 것이다."

35-40 **하나님**의 포고다. "바빌론에 전면전이 벌어졌다.
백성도, 지도자도, 현인도 다 쓸어버리는 총력전이다!
잘난 체하던 자들이 모두 얼간이가 되는 전쟁이다!
용사들을 모조리 겁쟁이로 바꾸어 놓는 전쟁이다!
사람을 죽이는 용병들을 어처구니없는 겁쟁이로 만드는 전쟁이다!
창고들을 결딴내는 전쟁이다. 다 털렸다!
상수원을 결딴내는 전쟁이다. 바싹 말라 버렸다!
미친 가짜 신들, 요귀들의 땅!
이제 바빌론은 승냥이나 전갈,
야행 올빼미나 흡혈박쥐들만 출몰하는 곳이 될 것이다.
누구도 다시는 거기 살지 않고,
죽음의 악취만을 풍기는 땅이 될 것이다.
내가 없애 버린 도성들,
소돔과 고모라와 이웃 성읍과 같은 운명을 맞으리라." **하나님**의 포고다.
"누구도 다시는 거기 살지 않고,
그 땅에서 숨 쉬며 살아갈 사람이 다시는 없을 것이다."

41-43 "이제, 잘 보아라! 북방에서 사람들이
인산인해를 이루며 쏟아져 내려온다.
먼 곳에서
왕들이 떼를 지어 몰려온다.
살인병기를 휘두르는 그들,
무자비하고 잔인한 야만인들이다.
대양의 파도처럼 거칠게 노호하며
사나운 말을 모는 그들,
전투태세를 갖추고 당장
너 바빌론을 치려고 몰려온다!
바빌론 왕이 그들이 오는 소리를 듣는다.
그의 얼굴이 백지장처럼 하얗게 되고, 사지의 맥이 탁 풀린다.
공포에 질린 왕은
산고 중인 여인처럼 몸을 비틀며, 싸울 엄두를 내지 못한다.

44 이제, 잘 보아라. 먹이를 찾아
요단 강가 깊은 숲에서
푸른 목장으로 뛰어나오는 사자처럼,
내가 달려들어 덮칠 것이다.
아무거나 먹이로 골라잡을 것이다. 누가 나를 막을 수 있으랴?
이른바 목자라는 자들, 다들 나를 어찌하지 못한다."

45-46 그러니, 하나님께서 바빌론에 대해 세우신 계획, 갈대
아 사람들에 대한 계획에 귀 기울여라.

믿기지 않겠지만, 어리고 약한 것들,
새끼 양과 새끼 염소들도 끌려갈 것이다.
믿기지 않겠지만, 모두들 충격으로
그저 무력하게 지켜볼 수밖에 없을 것이다.
"바빌론이 함락되었다!"는 함성소리에
땅이 요동치니,
세계만방에 그 소식이 전해질 것이다.

폭풍 페르시아

51

1-5 하나님의 말씀이 아직 남았다.

"잘 보아라. 내가 바빌론을 칠
무시무시한 폭풍을 일으킬 것이다.
'폭풍 페르시아'가
그 사악한 땅에 사는 주민 모두를 덮칠 것이다.
내가 바빌론을 짓밟을 부대를 보내어,
그들이 그곳을 완전히 쓸어버릴 것이다.
그들이 일을 마치면, 그 땅에는 더 이상
가질 만한 것, 볼만한 것이 하나도 남지 않으리라.
그들은 하나도 그냥 놔두지 않을 것이다.

진멸의 날이다!
모두 닥치는 대로 아무것이나 집어 들고 싸울 것이다.
수단과 방법을 가리지 않는 싸움이다.
그들은 그 무엇도 아끼지 않고,
그 누구도 살려 두지 않을 것이다.
모조리 멸망시키리라. 끝장을 내리라!
바빌론 전역이 부상자들로 뒤덮이고,
거리마다 시체들이 쌓일 것이다.
이스라엘과 유다를 과부라 여겼다면 오산이다.
그들의 하나님,
만군의 **하나님**인 내가 이렇게 살아서 건재하다.
비록 그 땅을
이스라엘의 거룩하신 하나님을 거스르는 죄로 가득 채운 그
들이지만,
나는 여전히 그들에게 묶인 몸이다.

6-8 속히 바빌론에서 빠져나오너라.
살고 싶거든 달아나라! 목숨을 부지하여라!
우물쩍거리다, 그에게 죄값을 물리는 나의 복수에
너까지 목숨을 잃게 되는 일이 없게 하여라.
바빌론은 내 손에 들린 화려한 금잔이었다.
거기 가득 담긴 나의 진노의 포도주가,
온 세상을 취하게 만들었다.

뭇 민족이 그 포도주를 들이켰고,
모두 제정신을 잃었다.
이제, 바빌론 자신이 인사불성이 되도록 취해,
비틀거리다 쓰러진다. 비극이다!
향유를 구해다 상처에 발라 주어라.
어쩌면 나을지도 모르니."

9 "우리는 최선을 다했지만, 그를 도울 수 없었다.
바빌론은 나을 가망이 없다.
그가 제 운명의 길을 가게 내버려 두어라.
고향으로 돌아가라.
그에게 곧 어마어마한 심판이 떨어질 것이다.
하늘을 찌를 듯한 기념비적인 보복이 행해질 것이다.

10 **하나님**께서 우리를 위해 모든 일을 바로잡아 주셨다.
오라! 시온으로 돌아가서,
이 기쁜 소식을 전하자.
우리 **하나님**께서 모든 일을 바로잡으시기 위해 행하신 일을
전하자.

11-13 화살촉을 갈아라!
화살통을 채워라!

하나님께서 메대 왕들을 선동하여
전쟁광들로 만드셨다. '바빌론을 없애 버리자!'
하나님께서 출정길에 오르셨다.
당신의 성전을 위한 복수전을 벌이려 하신다.
공격신호를 올리고 바빌론 성벽을 쳐라.
경계병을 세워라.
병력을 증원하여라.
병사들을 매복시켜라.
하나님께서 당신의 계획을 이행하시리라.
바빌론에게 하시겠다던 일을 행하시리라.
풍족한 물과
풍족한 재물을 가진 너,
그러나 이제 너는 끝이다.
너는 죽은 목숨이다."

14 만군의 **하나님**께서 엄숙히 맹세하셨다.
"내가 이곳을 적군들로 들끓게 하리라.
그들이 메뚜기 떼처럼 이곳을 뒤덮고,
너를 고꾸라뜨려 개선가를 부를 것이다."

15-19 그분께서 능력으로 땅을 지으시고,

지혜로 세상을 빚어 내셨다.
우주는 그분의 작품이다.
그분이 천둥소리를 내시면, 비가 쏟아진다.
구름을 피워 올리시고,
번개로 폭풍을 두르시며,
당신의 창고에서 바람을 꺼내 날려 발진시키신다.
막대기 신을 숭배하는 자들,
참으로 어처구니없는 얼간이들이다!
자기 손으로 만든 신들로 수치를 당하여 쩔쩔맨다!
그 신들은 모두 가짜요, 죽은 막대기일 뿐이다.
말라 죽은 나무를 두고 신이라니, 어이가 없다.
그것들은 연기에 불과하다.
바람과 함께 사라지고 만다.
그러나 '야곱의 분깃'이신 분은 참되시다.
그분은 온 우주를 지으신 분,
이스라엘을 특별히 주목하시는 분이다.
그분의 이름이 무엇인가? 만군의 **하나님**이시다!

바빌론은 하나님의 망치다

20-23 하나님께서 말씀하신다. "너 바빌론은 나의 망치다.
나의 병기다.
내가 너를 들어 사악한 민족을 쳐부수고,
뭇 왕국을 박살낼 것이다.

내가 너를 들어 말과 기병을 쳐부수고,
병거와 전사를 쳐부술 것이다.
내가 너를 들어 남자와 여자를 쳐부수고,
노인과 아이를 쳐부술 것이다.
내가 너를 들어 청년 남녀를 쳐부수고,
목자와 양을 쳐부술 것이다.
내가 너를 들어 농부와 겨릿소를 쳐부수고,
고관과 대신을 쳐부술 것이다.

24 유다 사람들아, 너희 두 눈으로 똑똑히 보게 되리라. 내가
바빌론과 갈대아 사람들이 시온에서 저지른 모든 악행을 그
들에게 그대로 되갚아 주는 것을." **하나님**의 포고다.

25-26 "너 바빌론아, 온 세상을 황폐하게 만든
'파괴자 산'아, 나는 너의 적이다.
내가 팔을 뻗어 너를 내 손으로 붙잡고,
산이던 너를 짓뭉개 버릴 것이다.
너를 자갈밭으로 만들어 버리리라.
이제 더는 네게서 모퉁잇돌을 얻거나,
주춧돌을 떠낼 수 없을 것이다!
자갈밖에는 아무것도 남지 않으리라." **하나님**의 포고다.

27-28 "온 땅에 신호를 올려라.
민족들을 향해 숫양 뿔나팔을 불어라.
바빌론을 치는 거룩한 일을 위해 민족들을 구별하여라.
신성한 이 일에 왕국들을 불러들여라.
아라랏과 민니와 아스그나스를 징집하여라.
바빌론을 칠 사령관을 임명하고,
메뚜기 떼처럼 많은 군마들을 불러 모아라!
바빌론을 치는 이 거룩한 일을 위해 민족들을,
메대의 왕과 그의 지도자들과 백성을 구별하여라.

29-33 땅이 공포에 떨고, 고통으로 몸을 비튼다.
바빌론을 치려는 내 계획,
그 나라를 아무도 살 수 없는
황무지로 바꾸어 놓겠다는 내 계획에, 소스라치게 놀란다.
바빌론 용사들이 싸우다 말고
폐허와 동굴 속으로 숨는다.
싸우지도 않고 포기해 버리는 그들,
알고 보니 계집애처럼 소심한 겁쟁이들이다.
바빌론의 집들이 화염에 휩싸이고,
성문들이 돌쩌귀에서 뜯겨져 나간다.
보고자들이 연이어 헐떡이며 달려와서,
바빌론 왕에게
도성의 함락 소식을 전한다.

강나루도 모두 점령되었다.
늪지대까지 불에 타들어 간다.
용사들이 이리 뛰고 저리 뛰며 달아난다.
나, 만군의 **하나님**이 말한 대로다.
'딸 바빌론은 타작 시기의
타작마당이다.
머지않아, 수확이 시작되면
가라지가 바람에 날릴 것이다!'"

34-37 "바빌론 왕 느부갓네살이
내 백성을 질겅질겅 씹고 뼈를 뱉어 내었다.
그릇을 깨끗이 비운 뒤 의자를 뒤로 빼고 앉아
트림을 했다. 게걸스런 엄청난 트림을.
숙녀 시온이 말한다.
'내가 당한 만행을 바빌론도 당하게 하소서!'
예루살렘도 말한다.
'내가 흘린 피의 값을 갈대아 사람들에게 물리소서!'
그때, 나 **하나님**이 나서서 말한다.
'내가 너의 편이며, 너를 위해 싸운다.
내가 너의 원수를 갚아 주겠다. 너를 위해 복수해 주겠다.
내가 그의 강을 다 말리고, 그의 샘을 다 막아 버릴 것이다.
바빌론은 폐허 더미가 될 것이며,

들개와 들고양이들이 먹이를 찾아 배회하는 곳,
쓰레기 투기장,
황폐한 유령마을이 될 것이다.'"

38-40 "바빌론 사람들은 먹이를 두고 으르렁거리는,
게걸스런 사자와 그 새끼들 같다.
내가 그들에게 세 끼니 제대로 챙기고, 잔칫상을 차려 주리라.
그들은 실컷 마시고 취해 쓰러질 것이다.
코가 비뚤어지게 취해서, 잠이 들 것이다.
계속 잠만 잘 것이다.
그러고는 다시 깨어나지 못하리라." **하나님**의 포고다.
"내가 그 '사자들'을,
어린양, 숫양, 숫염소들처럼 도살장으로 끌고 가리라.
다시는 그들 소식을 듣지 못하리라."

41-48 "바빌론은 이제 끝났다.
온 땅의 자랑거리였던 그가 아주 바닥에 고꾸라졌다.
처참히 몰락한 바빌론,
시궁창에 처박혔다!
밀어닥친 적군들의 파도에 난타당해
대혼란에 빠져들었다.

마을에서는 썩는 냄새가 진동하고,
땅은 텅 비어 황량하다.
이제는 성읍 안에 아무도 살지 않는다.
사람들이 그곳을 피해 멀찍이 돌아간다.
바빌론의 탐욕스런 벨 신에게 내가 재앙을 내릴 것이다.
그가 꿀꺽 삼킨 것들을 다 토해 내도록 만들겠다.
더 이상 바빌론의 놀라운 볼거리들을 보려고
사람들이 줄지어 찾아오는 일은 없을 것이다.
이제 바빌론에는 볼거리들이 남아 있지 않다.
나의 백성이여, 살고 싶다면 도망쳐라!
뛰어라. 뒤를 돌아다보지 마라!
속히 그곳에서 빠져나와라.
하나님의 진노의 불이 떨어지는 그곳을 탈출하여라.
희망을 잃지 마라. 아무리 흉흉한 소문이 들려오더라도
결코 포기하지 마라.
이 해에는 이런 폭행 소문,
저 해에는 저런 전쟁 소문이 나돌 것이다.
나를 신뢰하여라. 내가
바빌론 우상들의 콧대를 꺾어 놓을 날이 오고 있다.
내가 그 나라의 역겨운 사기 행각을 드러내고,
나라 전역이 시체로 뒤덮이도록 할 것이다.
앙갚음해 줄 군대가 북방에서 내려와
바빌론을 덮치는 날,

하늘과 땅, 천사와 사람들이
승리축하 파티를 열 것이다." **하나님**의 포고다!

바빌론이 멸망하리라

49-50 "바빌론은 반드시 망한다.
이스라엘의 전사자들에 대한 보상이다.
바빌론 사람들이 살육될 것이다.
그들이 저지른 참혹한 살인 행각 때문이다.
그러나 참혹한 죽음을 모면한 너희 포로들아,
떠나라! 어서 빨리!
붙잡혀 간 먼 곳에서도 언제나 **하나님**을 기억하여라.
예루살렘을 늘 마음에 간직하고 살아라."

51 너무나 오랜 세월,
수치와 조롱과 학대를 당하며 살아온 우리,
우리가 누군지조차 거의 잊었다!
마음을 추스를 수조차 없다.
우리의 옛 성소, **하나님**의 집이 이방인들에게 짓밟혔다.

52-53 "그래, 내가 안다. 그러니 나를 신뢰하여라."
하나님의 포고다.
"내가 그 우상들에게 재앙을 내릴 날이 오고 있다.
온 땅이 신음하는 부상자들 천지가 될 것이다.

설령 바빌론이 달까지 사다리를 놓고 올라가서
사다리를 걷어 아무도 올라오지 못하게 할지라도,
그래도 나를 막지는 못할 것이다.
나의 보복을 이행할 자들이 거기까지 따라 올라가리라."
하나님의 포고다.

54-56 이제 들어라! 들리느냐?
바빌론에서 들려오는 울부짖음이!
갈대아에서 들려오는 섬뜩한 울음소리가!
하나님께서 철퇴를 들고 바빌론으로 가실 것이다.
그의 마지막 신음이 들려온다.
죽음이 요란한 파도소리를 내고,
죽음이 거대한 폭포수소리를 낸다.
보복을 행할 파괴자들이 바빌론으로 쳐들어간다.
바빌론의 용사들이 사로잡히고, 그 병기들은 고철이 되리라.
실로, **하나님**은 평등을 이루어 내시는 분.
모두가 정당한 보응을 받게 되리라.

57 "내가 그들 모두를 취하게 만들 것이다.
왕자도, 현인도, 고관도, 용사도.
코가 비뚤어지게 취해서 잠들 것이다.
그들은 계속 잠만 잘 것이다.
그러고는 다시 깨어나지 못하리라." 왕이신 분의 포고다.

그분의 이름이 무엇인가? 바로, 만군의 **하나님**이시다!

58 만군의 **하나님**께서 말씀하신다.

"바빌론의 성벽, 그 거대한 벽들이
허물어지리라!
성문, 그 육중한 문들이
불타 없어지리라!
그런 헛된 삶,
열심히 살수록 더 초라해진다.
그런 야망,
재만 남길 뿐이다."

59 마세야의 손자요 네리야의 아들인 스라야가 유다 왕 시드
기야와 함께 바빌론으로 갔을 때, 예언자 예레미야가 그에
게 할 일을 일러 주었다. 때는 시드기야 사년이었다. 스라야
는 여행 관련 업무 책임자였다.
60-62 예레미야가 바빌론에 닥칠 모든 재앙을 작은 책자에 기
록한 뒤, 스라야에게 말했다. "바빌론에 이르면, 이것을 사
람들 앞에서 낭독하십시오. '오 **하나님**, 주께서 말씀하시기
를, 이곳을 멸망시켜 인간이든 짐승이든 아무도 살 수 없는
영원한 불모의 땅으로 만들겠다고 하셨습니다' 하고 읽어

주십시오.
63-64 읽기를 마치면, 그 책자에 돌을 매달아 유프라테스 강
에 던지고, 그것이 가라앉는 모습을 보면서 이렇게 말하십
시오. '내가 내린 재앙을 당한 뒤에, 바빌론이 저렇게 바닥
으로 가라앉아 다시는 떠오르지 못할 것이다.'"

예루살렘의 멸망

52
1 시드기야가 왕이 되었을 때 그의 나이 스물한
살이었다. 그는 예루살렘에서 십일 년 동안 다스
렸다. 그의 어머니는 립나 출신 예레미야의 딸 하무달이다.
2 **하나님**께서 보시기에, 시드기야 역시 악한 왕 여호야김을
그대로 베껴 놓은 자에 지나지 않았다.
3-5 예루살렘과 유다가 맞게 된 모든 파멸의 근원에는 **하나
님**의 진노가 있었다. **하나님**께서 심판의 행위로 그들에게
등을 돌리신 것이다.
시드기야가 바빌론 왕에게 반역했다. 느부갓네살은 모든 군
대를 이끌고 예루살렘으로 향했다. 그는 진을 치고 성 둘레
에 토성을 쌓아 성을 봉쇄했다. 그는 시드기야 구년 열째 달
에 예루살렘에 도착했고, 성은 열아홉 달 동안(시드기야 십
일년까지) 포위되어 있었다.
6-8 시드기야 십일년 넷째 달 구일이 되자, 기근이 너무 심해
져 성 안에 빵 부스러기 하나 남지 않았다. 그때에 바빌론이
성벽을 뚫고 쳐들어왔다. 그것을 본 유다의 모든 군대는 야

음을 틈타 성벽 통로(왕의 동산 위쪽에 있는 두 성벽 사이의 문)
로 도망쳤다. 그들은 바빌론 군사들의 전선을 몰래 뚫고 나
가, 아라바 골짜기 길을 지나 요단 강으로 향했다. 바빌론
군사들이 총력을 다해 추격하여 여리고 평원에서 그들을 따
라잡았다. 그러나 시드기야의 군대는 이미 흩어져 도망친
뒤였다.
9-11 바빌론 군사들이 시드기야를 사로잡아 하맛 땅 리블라
에 있는 바빌론 왕에게 끌고 가자, 왕은 그 자리에서 그를
재판하고 선고를 내렸다. 바빌론 왕은 시드기야가 보는 앞
에서 그의 아들들을 죽였다. 아들들의 즉결 처형을 마지막
으로, 그는 더 이상 앞을 볼 수 없었다. 바빌론 군사들이 그
의 눈을 멀게 했기 때문이다. 그러고 나서 바빌론 왕은 유다
의 지휘관들을 모두 죽였다. 시드기야는 사슬에 단단히 묶
여 바빌론으로 끌려갔다. 바빌론 왕이 그를 감옥에 가두었
고, 그는 죽을 때까지 거기서 나오지 못했다.
12-16 바빌론 왕 느부갓네살 십구년 다섯째 달 칠일에, 바빌
론 왕의 수석 부관인 느부사라단이 예루살렘에 도착했다.
그는 **하나님**의 성전과 왕궁과 성까지 모두 불태워 없앴다.
그리고 자기가 데려온 바빌론 군대를 투입하여 성벽을 허물
었다. 마지막으로, 전에 바빌론 왕에게 투항했던 사람들을
포함해서 예루살렘 성에 남아 있던 사람들을 모두 포로로
잡아 바빌론으로 끌고 갔다. 그는 가난한 농부 일부만을 남
겨서 포도원과 밭을 관리하게 했다.

17-19 바빌론 사람들은 **하나님**의 성전 안에 있는 청동기둥과
청동세면대와 커다란 청동대야(바다)를 깨뜨려 바빌론으로
가져갔다. 또 예배용 청동기구들과 성전 예배에 쓰이는 금
과 은으로 만든 향로와 뿌리는 대접들도 가져갔다. 왕의 부
관은 귀금속 조각이라면 하나도 빠뜨리지 않고 눈에 띄는
대로 다 가져갔다.
20-23 솔로몬이 **하나님**의 성전을 위해 만든 두 기둥과 바다와
바다를 떠받치는 열두 청동황소와 열 개의 세면대에서 뜯은
청동의 양은 어마어마해서 무게를 달 수조차 없었다! 각 기
둥의 높이가 8.1미터였고, 둘레가 5.4미터였다. 기둥들은
속이 비었고, 청동의 두께는 3센티미터가 조금 못 되었다.
각 기둥에는 청동 석류와 금줄세공으로 장식한 2.25미터
높이의 기둥머리가 얹혀 있었다. 일정한 간격으로 아흔여섯
개의 석류가 보였는데, 보이지 않는 부분까지 더하면 하나
의 기둥에 백 개의 석류가 달려 있었다.
24-27 왕의 부관은 특별한 포로들을 많이 데려갔다. 대제사장
스라야, 부제사장 스바냐, 성전 관리 세 명, 남아 있던 군 최
고지휘관, 성에 남아 있던 왕의 고문 일곱 명, 군 최고 모병
지휘관, 그리고 성에 남아 있던 백성 중에 지위가 높은 사람
예순 명이었다. 왕의 부관 느부사라단은 그들을 모두 리블
라에 있는 바빌론 왕에게 끌고 갔다. 바빌론 왕은 그곳 하맛
땅 리블라에서 그들 무리를 처참하게 죽였다.

유다 사람들은 자기 땅을 잃고 포로로 끌려갔다.

[28] 느부갓네살 칠년에, 3,023명의 유다 사람들이 포로로 잡
혀갔다.
[29] 느부갓네살 십팔년에, 832명의 예루살렘 주민들이 잡혀
갔다.
[30] 느부갓네살 이십삼년에, 745명의 유다 백성이 왕의 부관
느부사라단에 의해 잡혀갔다.
이렇게 해서, 총 4,600명이 포로로 잡혀갔다.

[31-34] 유다의 여호야긴 왕이 포로로 있은 지 삼십칠 년째 되던
해에, 에월므로닥이 바빌론의 왕이 되어 여호야긴을 감옥에
서 풀어 주었다. 석방은 열두째 달 이십오일에 있었다. 왕은
그에게 극진한 호의를 베풀어, 바빌론에 억류되었던 다른 어
떤 포로들보다 그를 높이 대우했다. 여호야긴은 죄수복을 벗
고 그날부터 왕과 함께 식사를 했다. 왕은 그가 남은 여생 동
안 편히 살도록 필요한 것들을 모두 마련해 주었다.

예레미야 애가 | 머리말

예레미야 애가는 고통에 대한 성경의 압축적이고 절절한 증언이다. 고통은 거대하고도 피할 수 없는 인간 조건이다. 인간으로 산다는 것은 곧 고통을 겪으며 산다는 의미다. 누구도 예외일 수 없다. 인간의 상황에 깊이 뿌리내린 성경이, 고통에 대한 증언을 광범위하게 내놓는 것은 놀라운 일이 아니다.

히브리 역사의 중추를 이루는 두 사건은 바로 '출애굽'과 '바빌론 포로생활'이다. 출애굽은 자유를 선사받은 구원 이야기, 결정적 구원 이야기다. (주전 1200년경) 하나님께서 당신의 백성을 이집트 종살이에서 구해 주셨다. 이는 해방인 동시에, 춤과 노래가 뒤따르는 환희의 경험이다. 반면에, 바빌론 포로생활은 엄청난 고통이 수반된 심판 이야기, 결정적 심판 이야기다. (주전 587년 예루살렘이 멸망하고) 하나님의 백성이 바빌론에 종으로 끌려갔다. 이는 비극이며 통곡이 따르는 참혹한 경험이다. 이 두 사건, 출애굽과 바빌론 유배는, 구원이 가져오는 기쁨으로부터 심판에 따르는 고통에 이르기까지, 하나님의 백성이 겪는 광범위한 경험들의 좌표를 정해 주는 두 개의 축이라고 할 수 있다.

바빌론 포로생활을 배경으로 하는 이 책 예레미야 애가는, 상실과 고통을 다루는 형식과 어휘를 신앙 공동체에 제공한다. 비극의 시작인 예루살렘 멸망 사건은 열왕기하 25장과 예레미야 52장에 기록되어 있다. 예루살렘 멸망에서 시작하여 그 후 70년간 이어진 포로생활의 고통은 과장과 묘사가 불가능할 정도다. 예레미야 애가 1:7에는 이렇게 표현되어 있다. "예루살렘이 그날을 떠올린다. 자신의 전부를 잃은 그날을. 그녀의 백성이 적군의 손에 넘어간 그날, 아무도 그녀를 돕지 못했다. 적들이 보며 웃었다. 망연자실해 하는 그녀를 비웃었다." 모든 것을 잃었고, 모두가 죽어 갔다. 훼파된 예루살렘 거리에서 '식인'과 '신성모독'이 횡행했다. 잔혹한 어린이 살해는 인간의 가치가 땅에 떨어졌음을 보여주는 만행이었고, 광포한 제사장 집단 살해는 신성의 가치가 땅에 떨어졌음을 보여주는 만행이었다. 몸과 영혼, 개인과 국가에 일어날 수 있는 최악의 상황이 모두 일어났다. 가히, 고통의 극한이었다. 그리고 그 고통은 지금도 세계 도처에서 계속되고 있다. 대형 참사로든, 혹은 개인적 아픔으로든.

예레미야 애가는 고통에 대한 설명이나, 고통을 제거해 주는 프로그램을 제시하지 않는다. 다만, 성경과 한목소리를 내면서, 하나님께서 우리 고통 속에 친히 들어오시며 고통받는 우리와 함께하신다고 증언한다. 그럼으로써 우리 고통에 존엄을 부여한다.

하나님의 신실한 사랑은 다함이 없고,
그분의 자애로운 사랑은 마르는 법이 없다.
그 사랑은 아침마다 다시 새롭게 창조된다.
주의 신실하심이 어찌 그리도 크신지!
(거듭 말하노니) 나, **하나님**을 붙들리라.
그분은 내가 가진 전부이시다.

열정을 품고 기다리는 사람,
열심으로 찾는 이는 **하나님**께서 반드시 선대하신다.
잠잠히 소망하며,
하나님의 도우심을 잠잠히 바라는 그 사람은 복되다.
젊은 시절 고난을 겪고
끝까지 견디는 이, 그 사람은 복되다.

삶이 힘겹고 짐이 무거울 때,
홀로 있어라. 침묵 속으로 들어가라.
바닥에 엎드려 기도하여라. 캐묻지 마라.
다만, 나타날 소망을 기다려라.
고난으로부터 달아나지 마라. 정면으로 맞서라.
우리에게 최악의 상황이란 없다.

왜 그런가! 주님은
한번 가면 영영 돌아오지 않는 분이 아니시기 때문이다.
그분은 엄하시나, 또한 자애로우시다.
그분의 신실한 사랑은 무궁무진하여, 동나는 법이 없다.
그분은 우리에게 고난을 주시고 난관에 봉착케 하는 것을, 즐거워하지 않으신다(애 3:22-33).

예레미야 애가

비천한 신세!

1 [1] 오……
사람들로 들끓던 도성이 이제 텅 비었다.
과부가 되었다. 뭇 민족 가운데 으뜸이던 도성,
여왕 같던 그녀가 부엌데기로 전락했다.

[2] 매일 밤 베개를 적시며 울다 잠이 든다.
그녀의 애인들,
누구 하나 남아서 그녀의 손을 잡아 주는 자 없다.
친구들도 모두 등을 돌리고 떠났다.

[3] 수년간 고통과 노역에 시달렸던 유다, 결국 포로로 잡혀갔다.

뭇 민족 가운데 떠돌며, 편히 다리 뻗고 쉴 곳 없이,
모두에게 쫓기며, 오도 가도 못하는 신세가 되었다.

4 시온의 길이 슬피 운다.
명절이 와도 찾아오는 순례자 하나 없다.
성문이 있던 자리는 폐허가 되었고,
제사장들은 절망에 빠졌으며,
처녀들은 슬픔에 잠겨 지낸다. 아, 쓰라린 비운이여.

5 과거 적이었던 자들이 이제 그녀의 주인이 되었다. 그들은
승승장구한다.
하나님께서 그녀를 때려눕히셨기 때문이다.
반역을 일삼던 그녀를 벌하신 것이다.
그녀의 자녀들마저 적들에게 포로로 잡혀 끌려갔다.

6 아름다웠던 딸 시온의 미모는 이제 온데간데없다.
제후들도 먹을 것을 찾아 헤매다,
사냥꾼에게 쫓겨 기진맥진한 사슴 같다.

7 예루살렘이 그날을 떠올린다. 자신의 전부를 잃은 그날을.
그녀의 백성이 적군의 손에 넘어간 그날, 아무도 그녀를 돕
지 못했다.
적들이 보며 웃었다. 망연자실해 하는 그녀를 비웃었다.

8 이 세상 제일가는 죄인이던 예루살렘,
이제 세상 모두에게 버림받았다.
곁에서 칭송하던 자들,
그녀의 실체를 보고서 모두 경멸을 퍼붓는다.
부끄러움을 당해 신음하는 그녀, 비참하기 그지없다.

9 내키는 대로 살았던 그녀, 내일을 생각하는 법 없던 그녀가
보기 좋게 몰락했다. 그 손을 잡아 주는 자 아무도 없다.
"오 **하나님**, 제가 당하는 고통을 보아 주십시오! 저 잔인한
원수들이 으스대는 꼴을 보십시오!"

10 원수가 손을 뻗어 그녀의 소중한 것 전부를 빼앗아 갑니다.
그녀의 눈앞에서 이방인들, 주께서 출입을 금지시킨 자들이
성소에까지 난입해 공회를 유린합니다.

11 모두들 먹을 것이 없어 신음하는 저들, 살아남기 위해
자신이 가장 아끼던 보물을 빵 한 조각과 바꿉니다.
"오 **하나님**, 저를 살펴 주십시오! 바닥을 기는 이 비천한 몸을!

12 지나가는 이들이여, 내 모습 좀 보시오! 이런 것을 본 적
있소?
내가 겪는 참혹한 고통, 그분이 내게 하신 일,
하나님께서 진노 가운데 내게 행하신 이 같은 일을 본 적이

있소?

13 그분이 나를 번개로 내리치시고, 머리끝부터 발끝까지 꼬챙이에 꿴 다음,
내 주위 사방에 덫을 놓으셔서, 옴짝달싹 못하게 하셨다.
그분께서 나의 모든 것을 앗아 가셨다. 진저리 나는 삶만 남았을 뿐.

14 그분께서 내 죄들을 엮어 동아줄을 만드시고,
그것으로 나를 얽어매고 멍에를 씌우셨다.
이 몸은 무자비한 감독관에게 들볶이는 신세가 되었다.

15 주께서 나의 최고 용사들을 한데 불러 모으시고,
흉악한 자들을 시켜 꽃다운 목숨들을 다 꺾어 버리셨다.
주께서 아리따운 처녀 유다를 사정없이 짓밟아 버리셨다.

16 그리하여 내가 운다.
눈에서 눈물이 강물처럼 흘러나오지만,
둘러보아도 내 영혼을 위로해 줄 자 아무도 없다.
나의 자녀들은 개죽음을 당하고, 나의 원수는 승승장구한다."

17 시온이 도와 달라고 부르짖었으나,
누구 하나 나서서 도와주지 않았다.

하나님께서 야곱의 적들에게 명령을 내리시고 그를 포위하게 하셨다.
그러나 아무도 예루살렘을 돕겠다고 나서지 않았다.

18 "**하나님**이 옳으시다. 잘못한 것은 나다.
모두들, 내 말을 들어라! 내게 닥친 이 일을 보아라!
나의 꽃다운 젊은이들이 모조리 포로로 잡혀갔다!

19 친구들을 불렀지만, 그들이 다들 등을 돌렸다.
제사장과 지도자들도 제 살길 찾기에 바쁘고,
살아남고자 몸부림치나 결국 성공하지 못한다.

20 오 **하나님**, 제가 겪는 이 고난을 살펴 주십시오! 반역을 일삼던 지난날을 생각하니, 속이 뒤틀리고 심장이 터질 듯합니다.
거리마다 학살이 자행되고, 집집마다 사람들이 굶어 죽습니다.

21 오, 저의 신음소리에 귀 기울여 주십시오. 제게 귀 기울이는 사람, 마음 써 주는 사람 아무도 없습니다.
적들이 주께서 제게 내리신 고난을 듣고 환호성을 올렸습니다.
심판의 날이 이르게 하십시오! 그들도 저와 같은 일을 당하게 해주십시오!

22 그들의 악한 삶을 들여다보시고, 벌을 내려 주십시오!
저의 죄를 물으시며, 주께서 제게 하신 일을 저들에게도 행해 주십시오.
고통에 짓눌려 신음하는 제 몸과 마음, 더 이상 감당할 수가 없습니다."

하나님께서 성전을 버리고 떠나시다

2 1 오……
주께서 딸 시온을 하늘에서 떨어뜨리시고,
이스라엘의 영광스런 도성을 땅바닥에 내치시며,
가장 아끼시던 것을 진노 가운데 쓰레기처럼 내다 버리셨다.

2 주께서 망설임 없이 이스라엘을 단번에 삼켜 버리셨다.
불같이 노하셔서, 유다의 방어진들을 박살내시고,
나라의 왕과 제후들을 혹독하게 다루셨다.

3 불같이 노하셔서, 이스라엘을 바닥에 때려눕히시고,
그 팔을 부러뜨리셨다. 그녀의 적 앞에서 그녀에게 등을 돌리시고,
사방을 태우며 다가오는 들불처럼 야곱을 몰아붙이셨다.

4 원수를 대하듯, 우리에게 활을 겨누고 칼을 빼어 드셨으며,
우리의 자랑이요 기쁨이던 젊은이들을 죽이셨다.

그분의 불같은 진노가, 시온의 집들을 잿더미로 만들어 버렸다.

5 주께서 우리를 원수처럼 다루셨다. 이스라엘을 삼키셨다.
방어 요새들을 질겅질겅 씹어서 뱉어 버리셨다.
딸 유다가 통곡하고 신음하게 하셨다.

6 그분께서 옛 밀회장소를 갈아엎으시고, 아끼시던 회합장
소를 폐허로 만드셨다.
하나님께서 시온에서 절기와 안식일을 기억조차 나지 않게
모조리 없애셨고,
노하시며 왕과 제사장도 다 내쳐 버리셨다.

7 **하나님**께서 당신의 제단과 거룩한 성전을 버리고 떠나실 때,
요새들을 원수의 손에 넘기셨다.
마치 절기라도 된 것처럼, 원수들이 **하나님**의 성전에서 환
호성을 올렸다!

8 **하나님**께서 딸 시온의 성벽을 허물어뜨리기로 작정하셨다.
당신의 작업반을 소집하시고 일에 착수하셨다.
성벽은 완전히 허물어졌다! 돌들이 통곡한다!

9 그녀의 성문과 쇠 빗장들,

돌무더기에 파묻혀 모두 사라졌다.
왕과 제후들이 모두 포로로 끌려갔다.
갈 길을 지시해 줄 자 더 이상 없다.
예언자들도 있으나 마나다. **하나님**에게서 아무것도 보지도 못하고 듣지도 못한다.

10 딸 시온의 장로들, 망연자실한 채 땅바닥에 주저앉았다.
머리에 흙을 뿌리고 거친 베옷을 입었다.
예루살렘의 젊은 처녀들이 얼굴에 먼지를 뒤집어쓰고 있다.

11 내 눈은 눈물로 멀어 버렸고, 내 위가 뒤틀린다.
내 백성의 비운에, 내 애간장이 녹아내린다.
아기와 아이들이 사방에서 까무러친다.

12 엄마를 부르며 "배고파! 목말라!" 하다가,
길에서 죽어 가는 부상병처럼 숨을 헐떡거리다,
엄마 무릎 위에서 숨을 거둔다.

13 사랑하는 예루살렘아,
내 어찌 너의 고난을 다 헤아릴 수 있으랴?
사랑하는 시온아, 내 무슨 말로 너를 위로할 수 있겠는가?
누가 너를 회복시켜 줄 수 있으랴? 끔찍한 파멸을 당한 너를.

14 예언자들이 달콤한 말로 너를 꾀었다.
네 죄를 지적해 회개로 이끌었어야 했건만,
그들의 설교는 전부 기만적인, 거짓몽상이었다.

15 지나가는 자들이 경악하며, 제 눈을 의심한다.
예루살렘을 보고 눈을 비비며, 머리를 절레절레 흔든다.
정녕 이곳이 '가장 아름다운 곳', '가장 살기 좋은 곳'으로 알려졌던 그 도성이란 말인가?

16 너의 적들이 입을 헤벌리고
히죽거리며 말한다. "이제 저들은 우리 차지다!
우리가 기다려 왔던 순간이다! 바로 이거다!"

17 **하나님**께서 전부터 말씀하신 일을 하나하나 행동에 옮기셨다.
하겠다고 하신 일을 마침내 행하셨다.
그곳을 허물어뜨리셨다.
적들이 너를 짓밟게 만드시고,
그들이 세계 챔피언이라고 선언하셨다!

18 참회하는 시온아, 마음을 찢으며 주께 울부짖어라.
밤낮으로 눈물을 강물처럼 흘려라.
쉼 없이 울어라. 한시도 눈물이 그치지 않게 하여라!

19 매일 밤 야경이 시작되면, 일어나 기도하며 부르짖어라.
주님 얼굴 앞에 네 마음을 쏟아부어라.
너의 손을 높이 들어라. 길거리에서 굶어 죽어 가는
네 아이들을 살려 달라고 빌어라.

20 "**하나님**, 우리를 보살펴 주십시오. 생각해 주십시오. 주
께서 사람을 이렇게 대하신 적이 있었습니까?
여인이 자기 아기를, 자신이 기른 아이를 잡아먹어야 하겠
습니까?
제사장과 예언자들이 주님의 성소 안에서 살해당해야 하겠
습니까?

21 아이와 노인들이 거리 시궁창에 처박히고,
젊은이들이 꽃다운 나이에 목숨을 잃었습니다.
주께서 노하셔서 그들을 참혹하게 죽이시고,
그들을 무자비하게 베어 쓰러뜨리셨습니다.

22 주께서 잔치에 친구들을 부르듯 사람들을 불러 우리를 급
습하게 하셔서,
하나님의 진노의 날, 그 중대한 날에, 누구도 빠져나가지
못하게 하셨습니다.
제가 사랑으로 기른 자녀들이 모두 죽었습니다. 다 죽어 없
습니다."

하나님께서 나를 깊은 흑암 속에 가두시다

3

1-3 내가, 고난을 맛보았다.
하나님의 진노의 매질을 당했다.
그분이 내 손을 잡아,
칠흑 같은 어둠 속에 밀어 넣으셨다.
아니, 당신 손등으로 나를 후려치셨다.
거듭거듭 후려치셨다.

4-6 나를 막대기처럼
뼈만 앙상하게 만드신 다음, 뼈마저 부러뜨리셨다.
나를 사방에서 포위하시고는,
고난과 고생을 들이부으셨다.
나를 관 속에 갇힌 시체처럼
깊은 흑암 속에 가두셨다.

7-9 나로 결코 빠져나오지 못하게 하신다.
내 손을 묶으시고 내 발에 족쇄를 채우신다.
아무리 부르짖으며 도움을 청해도
내 기도를 자물쇠로 잠그시고, 열쇠마저 없애 버리신다.
떠내 온 돌로 내 길을 막으신다.
나를 사지로 몰아넣으신다.

10-12 그분은 나를 노리며 뒤를 쫓는 곰,

숨어 있다 별안간 달려드는 사자이시다.
나를 쓰러뜨려 길 바깥으로 끌고 가서는 나를 찢어발기시니,
나는 모조리 다 뜯겼다.
그분이 활과 화살을 꺼내
나를 과녁으로 삼으셨다.

13-15 화살통에서 활을 꺼내
내 배를 쏘셨다.
모두가 나를 비웃었다.
조롱하는 노래를 부르며 나를 희롱했다.
그분은 썩어 악취 나는 음식을 내 목구멍에 밀어 넣으시고,
고약한 음료를 잔뜩 마시게 하셨다.

16-18 그분이 내 얼굴을 자갈에 갈아 버리셨다.
나를 진창에 처박으셨다.
나는 삶을 아주 포기해 버렸다.
희망을 영영 잊고 말았다.
나는 속으로 중얼거렸다. "그래, 이제 모든 게 끝이다.
하나님을 믿어 봐야 헛일이다."

하나님의 도움을 바라는 자, 복되다

19-21 이 고난, 이 엄청난 상실,
내가 삼킨 독과 그 쓰라린 맛을, 나는 결코 잊지 못하리라.

전부를 생생하게 기억한다. 오, 얼마나 생생히 기억하는지,
나락에 떨어진 그때의 심정을.
그러나 내가 기억하는 또 한 가지가 있으니,
나, 그것을 기억하며, 희망을 붙든다.

22-24 **하나님**의 신실한 사랑은 다함이 없고,
그분의 자애로운 사랑은 마르는 법이 없다.
그 사랑은 아침마다 다시 새롭게 창조된다.
주의 신실하심이 어찌 그리도 크신지!
(거듭 말하노니) 나, **하나님**을 붙들리라.
그분은 내가 가진 전부이시다.

25-27 열정을 품고 기다리는 사람,
열심으로 찾는 이는 **하나님**께서 반드시 선대하신다.
잠잠히 소망하며,
하나님의 도우심을 잠잠히 바라는 그 사람은 복되다.
젊은 시절 고난을 겪고
끝까지 견디는 이, 그 사람은 복되다.

28-30 삶이 힘겹고 짐이 무거울 때,
홀로 있어라. 침묵 속으로 들어가라.
바닥에 엎드려 기도하여라. 캐묻지 마라.
다만, 나타날 소망을 기다려라.

고난으로부터 달아나지 마라. 정면으로 맞서라.
우리에게 최악의 상황이란 없다.

31-33 왜 그런가! 주님은
한번 가면 영영 돌아오지 않는 분이 아니시기 때문이다.
그분은 엄하시나, 또한 자애로우시다.
그분의 신실한 사랑은 무궁무진하여, 동나는 법이 없다.
그분은 우리에게 고난을 주시고
난관에 봉착케 하는 것을, 즐거워하지 않으신다.

34-36 불운한 죄수들을
발아래 짓밟는 일,
높으신 하나님의 법정에서
무고한 이들의 억울함을 풀어 주지 않는 일,
증거를 조작하는 일,
주님은 이런 일들을 결코 좌시하지 않으신다.

37-39 말씀으로 명하시고 그 일을 이루시는 분 누구시냐?
그런 명령을 내리시는 분은 바로 주님이시다.
좋은 일도 힘든 일도,
지극히 높으신 하나님의 명령으로 나타나지 않느냐?
어찌하여 생명을 선물로 받은 사람이
자신의 죄 때문에 벌 받는 것을 불평하느냐?

40-42 우리의 삶을 돌이켜 보고
하나님 앞에서 다시 바르게 세우자.
우리가 마음을 다하여 손을 높이 들고,
하늘에 계신 하나님께 기도하자.
"우리는 반역했고 마음대로 행동했습니다.
주께서는 그런 우리를 용서하지 않으셨습니다.

43-45 주님은 마침내 우리에게 진노를 발하셨습니다.
우리를 뒤쫓아 오셔서, 사정없이 쓰러뜨리셨습니다.
당신을 두꺼운 구름으로 감싸시고,
어떤 기도도 뚫고 들어오지 못하게 하셨습니다.
우리를 더러운 구정물인 양,
뭇 민족들 뒷마당에 내다 버리셨습니다.

46-48 적들이 우리에게 욕을 하고,
조롱과 악담을 퍼붓습니다.
사는 곳이 지옥이 되었고,
달리 갈 곳도 없습니다.
사랑하는 내 백성의 파멸을 보며,
내 눈에서 눈물이 강물처럼 쏟아져 내립니다.

49-51 내 눈에서 눈물이 흘러내립니다.
끊임없이 눈물을 쏟아내는 샘이 되어,

하나님, 높은 곳에 계신 주께서
굽어살펴 주시기를 기다립니다.
도성의 젊은 여인들이 겪은 일을 생각하면,
나의 가슴이 고통으로 찢어집니다.

52-54 까닭 없이 나를 대적하는 자들이
새를 사냥하듯 나를 쫓았습니다.
나를 구덩이에 던져 넣고는,
돌을 퍼부었습니다.
비가 내렸고 구덩이에 물이 차올랐습니다.
물이 머리 위까지 차오르자, '나는 이제 죽었구나' 하고 생각했습니다.

55-57 오 **하나님**, 제가 주의 이름을 불렀습니다.
구렁 밑바닥에서 소리쳐 불렀습니다.
'귀를 막지 마십시오! 여기서 꺼내 주십시오! 저를 건져 주십시오!'
그러자, 주께서 들으셨습니다.
제가 소리쳐 부르자 주께서 가까이 오셨고,
말씀해 주셨습니다. '염려하지 마라.'

58-60 주님, 주께서 제 편이 되어 주셨습니다.
제 목숨을 건져 주셨습니다!

하나님, 제가 겪은 부당한 일들을 주께서 보셨습니다.
법정에서 저의 원통함을 풀어 주십시오!
그렇습니다. 저를 해치려는 자들의
야비한 계략과 음모를 주께서 보셨습니다.

61-63 **하나님**, 저를 파멸시키려는 자들의
험담과 흉계를 주께서 들으셨습니다.
저의 원수인 저들, 끊임없이 음흉한 일을 꾸밉니다.
하루도 거르지 않고 악을 꾀합니다.
저들을 보십시오! 앉으나 서나,
졸렬한 조롱의 노래로 저를 비웃습니다.

64-66 **하나님**, 저들이 죄의 대가를 치르게 해주십시오.
응분의 보응을 받게 해주십시오.
저들의 야비한 가슴을 찢어발기소서, 비참히 찢기게 하소서!
저들의 눈을 저주해 주십시오!
불같은 진노로 저들을 추격하셔서,
주님의 하늘 아래 흔적도 없이 진멸해 주십시오!"

발가벗겨진 채 깨어나리라

4 1 오……
황금이 오물 취급을 받고,
순금이 쓰레기처럼 버려지다니.

진귀한 보석이 길거리에 나뒹굴고,
보석이 시궁창에 처박혀 널브러지다니.

2 전에는 금보다 더 귀한 대접을 받던
시온의 백성이,
이제는 옹기장이가 손으로 만든 싸구려 질그릇,
흔해 빠진 국그릇 밥그릇 취급을 당한다.

3 승냥이들도 제 새끼를 돌보고
젖을 주어 먹게 하건만,
내 백성은 광야의 타조들처럼
제 아기들에게도 잔인하구나.

4 아기들이 마실 것이 없어
혀가 입천장에 달라붙는다.
어린아이들이 빵을 달라고 애원해도
부스러기 하나 주는 자가 없다.

5 최고급 요리를 즐기던 자들이
먹을 것을 찾아 거리를 헤매고,
최신유행 옷을 걸치던 자들이
입을 것이 없어 쓰레기 더미를 뒤진다.

6 내 사랑하는 백성의 죄악은
소돔의 죄보다 더 악하다.
그 도성은 한순간에 멸망했고,
아무도 막지 못했다.

7 화려하고 고귀했던 귀족들,
전에는 혈기왕성했지.
건장하고 혈색 좋았으며
수염도 조각 같았다.

8 그러나 지금은 꺼무스름해져,
거리에서 아무도 알아보지 못한다.
몸은 막대기처럼 마르고,
피부는 낡은 가죽처럼 메말랐다.

9 굶어 죽기보다는
전쟁터에서 죽는 편이 낫다.
먹을 것이 없어 서서히 아사하기보다는
싸우다 부상을 입고 전사하는 편이 낫다.

10 자애로웠던 여인들이
자기 아이들을 삶아 먹었다.
내 사랑하는 백성이 패망했을 때,

성읍에 남은 유일한 음식이 그것이었다.

11 **하나님**께서 당신의 노를 크게 터트리시고,
불같은 진노를 퍼부으셨다.
시온에 불을 놓으셔서
잿더미로 만드셨다.

12 땅의 왕들, 자기 눈을 의심했다.
예루살렘의 오랜 적들이
보무도 당당하게 성문을 통과해 들어가는 모습을 보고,
만국의 통치자들이 경악했다.

13 이는 다 그녀의 예언자들이 지은 죄 때문이다.
그녀의 제사장들이 저지른 악 때문이다.
그들은 선량하고 순진한 백성을 착취했고,
그들의 목숨을 빼앗았다.

14 그 예언자와 제사장들, 이제 눈먼 자들처럼 거리를 헤매
고 다닌다.
추잡하게 살아 더러워지고 때 묻은 그들,
헛되게 살아 황폐해진 그들,
넝마를 걸친 채, 지칠 대로 지친 모습이다.

15 사람들이 그들을 보고 고함을 지른다. "냉큼 꺼져라, 이
추악한 늙은이들아!
얼른 사라져라, 염병 같은 놈들아!"
성읍을 떠나야 하는 그들, 갈 곳 없이 떠돈다.
아무도 그들을 받아 주지 않는다.
고향에서 쫓겨났듯,
어딜 가나 쫓겨난다.

16 **하나님**께서 직접 그들을 흩어 버리셨다.
더는 그들을 돌보아 주지 않으신다.
제사장들과 관계를 끊어 버리셨다.
장로들에게 관심을 꺼 버리셨다.

17 우리는 눈이 빠져라
도움이 오기를 기다리고 기다렸지만, 헛일이었다.
망루를 높이 세우고
도움이 나타나기를 기다렸지만, 허사였다.

18 추적자들이 우리를 잡으러 다녔다.
안심하고 거리를 나다닐 수 없었다.
우리의 끝이 바짝 다가왔고, 우리의 날수가 다 찼다.
우리는 죽은 목숨이었다.

19 그들은 하늘의 독수리보다 빠르게 우리 뒤를 쫓아와서는,
산에서 우리를 몰아붙이고, 사막에 매복하여 있다가 습격
했다.

20 우리 생명의 호흡이요 **하나님**의 기름부음 받은 자인 우리
왕이,
그들이 파 놓은 함정에 빠져 버렸다.
우리는 그의 보호 아래 살 거라고 늘 말했지만,
헛말이 되었다.

21 오 에돔아, 어디 한번 실컷 좋아해 보아라!
우스에서 마음껏 즐겨 보아라!
머지않아 곧 너도 이 잔을 마시게 될 테니.
하나님의 진노를 마시는 것이 어떤 일인지,
하나님의 진노를 마시고 취했다가
발가벗겨진 채 깨는 것이 어떤 일인지, 너도 곧 알게 되리라.

22 시온아, 너는 다 받았다. 받아야 할 벌을 모두 받았다.
너는 다시 사로잡혀 가지 않으리라.
그러나 에돔아, 너의 차례가 오고 있다.
그분께서 너의 악행을 벌하시고, 너의 죄를 만천하에 드러
내시리라.

하나님, 우리를 주께로 돌이켜 주십시오

5 1-22 "**하나님**, 우리가 겪은 이 모든 일을 기억해 주십
시오.
우리가 처한 이 곤경, 이 암울한 역사를 눈여겨보아 주십시오.
우리의 소중한 땅이 외인들에게 넘어갔습니다.
우리의 집들이 이방인들에게 넘어갔습니다.
우리는 아버지 없는 고아나 다름없고,
우리 어머니는 과부나 다름없습니다.
우리는 물도 사서 마셔야 하고,
장작도 돈 주고 사야 합니다.
종에 지나지 않는 우리,
쉼 없이 들볶이며 시달립니다.
먹을 것을 얻기 위해
앗시리아와 이집트에 스스로 몸을 팔았습니다.
우리 조상들이 죄를 지었고, 그들이 사라진 지금,
그 죄의 대가를 우리가 치르고 있습니다.
우리 종이었던 자들이, 우리 위에 군림하고 있습니다.
그들의 손아귀에서 벗어날 방도가 없습니다.
우리는 음식을 구하러
강도가 들끓는 사막을 목숨을 걸고 건너다닙니다.
우리 피부는 아궁이처럼 검게 그을렸고,
제대로 먹지 못하여, 낡은 가죽처럼 바싹 말랐습니다.
우리의 아내들이 시온의 거리에서,

우리의 처녀들이 유다 성읍에서 겁탈을 당합니다.
원수들이 우리 고관들을 목매달아 죽였고,
우리 장로들에게 모욕을 주었습니다.
건장한 사나이들에게 여자 일을 시키고,
어린 남자아이들에게 장정의 일을 시켰습니다.
성문에 가 보아도 현명한 장로들을 만날 수 없고,
젊은이들의 음악소리도 더는 들리지 않습니다.
우리 마음속에서 기쁨이 모조리 사라졌습니다.
춤은 통곡으로 바뀌었습니다.
우리 머리에서 영광의 면류관이 벗겨지고 땅으로 떨어졌습니다.
아! 우리가 어쩌자고 죄를 지었단 말인가!
이 모든 일로 우리의 가슴이 찢어집니다.
눈물이 앞을 가립니다.
허물어지고 황폐해진 시온 산에는,
이제 승냥이들이나 어슬렁거립니다.
하나님, 그러나 주께서는 지금도 왕이십니다.
주의 보좌는 여전히 그대로이며 영원합니다.
그런데 어찌하여 우리를 잊고 계십니까?
어찌하여 우리를 저버리고 계십니까?
하나님, 우리를 주께로 돌이켜 주십시오.
우리는 돌아갈 준비가 되었습니다.
우리에게 새 출발을 허락해 주십시오.

그동안 주님은 너무도 잔인하게 우리를 내치셨습니다.
실로 우리에게, 크게 노하셨습니다."